LE NOUVEL ENTRAÎNEZ-\

grammaire
pour adolescents

250 exercices

niveau
intermédiaire

Nathalie BIÉ
Philippe SANTINAN

CLE
INTERNATIONAL

Direction éditoriale
Michèle Grandmangin

Responsable de projet
Édition multi-supports
Pierre Carpentier

Assistante d'édition
Brigitte Faucard

Illustrations
Nicolas Attié

Conception graphique
Alinéa

Mise en page
DESK

Couverture
Conception et réalisation : 5 point com
Photo : © INGRAM PUBLISHING

Avant-propos

Ce nouveau livre d'exercices de grammaire, de la collection *Le Nouvel Entraînez-vous*, s'adresse à un **public d'adolescents** de niveau **intermédiaire** en français langue étrangère.

L'introduction des contenus grammaticaux suit la même **progression** que les méthodes usuelles se destinant à ce type de public. Chaque chapitre se compose d'un **rappel illustré** de la notion grammaticale étudiée et d'une série d'exercices d'application à **difficulté croissante**.

Les exercices, axés à la fois sur la **compréhension** et la **mémorisation** des notions présentées, proposent des activités de **déduction** et de **réemploi** de la règle grammaticale étudiée. Ils reproduisent par ailleurs des contextes langagiers qui se veulent le plus proche possible de la réalité, afin de placer la **communication** au cœur de l'apprentissage.

Les activités proposées sont **variées** et exploitent des typologies d'exercices connues des apprenants : exercices de réécriture, de mise en relation, de remise en ordre, mots croisés, QCM, jeux de logique... Chaque exercice est accompagné d'une **consigne brève et concise** accompagnée d'un exemple.

Dans un souci de maintenir la **motivation** des apprenants à un niveau élevé et de leur faciliter l'appropriation des outils linguistiques proposés, les situations de communication choisies pour encadrer les exercices ont été conçues en tenant compte de **l'univers des adolescents** et abordent des thèmes qui correspondent à leurs intérêts.

Afin d'évaluer ses nouvelles compétences, l'apprenant pourra valider ses connaissances dans les séquences **bilan** situées à la fin de chaque chapitre.

Ce livre d'exercices permet de travailler **en classe** sur le renforcement de faits de langue particuliers. Il peut ainsi servir de complément à une méthode et aider à l'assimilation des points linguistiques étudiés. Par ailleurs, afin de faciliter l'entraînement des étudiants en situation d'**auto-apprentissage** et de permettre à l'apprenant d'évoluer avec une plus grande **autonomie**, les corrigés des exercices peuvent être consultés à partir d'un livret placé à l'intérieur du livre.

Une version de cet ouvrage est également disponible sur **CD-ROM**.

Sommaire

Les pronoms compléments d'objet

I

Les pronoms compléments directs

me	nous
te	vous
l'/le/la	les

Le **pronom complément direct** répond à la question *qui ?* ou *quoi ?*

Le match passionne Marc.
Le match passionne qui ? – Marc.
Le match le passionne.

Les pronoms compléments indirects

me	nous
te	vous
lui	leur

Le **pronom complément indirect** répond aux questions *à qui ? à quoi ? de qui ? de quoi ?*

Hector écrit à ses parents.
Hector écrit à qui ? – à ses parents.
Hector leur écrit.

1 Répondez aux questions selon le modèle. Utilisez l', le, la, les.

Exemple : Tu fais souvent la vaisselle ?
→ Je la fais souvent.

a. Tu prends régulièrement le train ?

→ *Je le prends régulièrement*

b. Vous utilisez beaucoup votre téléphone portable ?

→ *Je la l'utilise beaucoup*

c. Tu invites tes amis ce soir ?

→ *Je les invite ce soir*

d. Ils voient souvent leur voisine ?

→ *Ils la voient souvent*

e. Tu reçois le journal par la poste ?

→ *Je le reçois par la poste.*

f. M. Durand accompagne ses enfants à l'école ?

→ *Il les accompagne à l'école.*

g. Lisez-vous vos messages chaque jour ?

→ *Je les lis chaque jour.*

h. Veux-tu écouter mes disques ?

→ *Je les veux écouter*

2 Soulignez la bonne proposition.

Exemple : Le journal, je l'/lui/en achète tous les jours.

a. Les informations, vous **leur/les/en** regardez chaque soir.

b. Ce travail, elle ne **le/l'/la** aime pas beaucoup.

c. Ces chaussures ! Je ne veux plus **en/le/les** mettre.

d. Cette jeune fille ! Tu ne **lui/le/la** connais pas ?

e. Ce problème ! Je **le/la/les** comprends très bien !

f. Ces chanteurs ! Paul **le/leur/les** déteste.

g. J'ai oublié ton numéro de téléphone. Je dois **le/en/la** noter.

h. Mes amis sont en retard. Je vais **les/leur/vous** attendre.

3 Associez les éléments soulignés à un pronom.

a. Les étudiants apportent leur livre en classe. 1
b. Le directeur convoque une élève dans son bureau. 3
c. Edmond vend son ordinateur.
d. Les enfants adorent leur grand-mère.
e. Julie accepte les excuses de son frère. 4
f. Jean aimerait retrouver tous ses vieux disques. 4
g. Taisez-vous, j'essaie d'écouter la radio !
h. Au petit matin, Charles découvre la neige dans son jardin. 3

1. l'
2. le
3. la
4. les

4 Répondez aux questions selon le modèle.

Exemple : Regarde ! Tu vois l'arc-en-ciel à l'horizon ?
→ Oui, je le vois.
→ Non, je ne le vois pas.

a. Tu descends la poubelle, s'il te plaît ?

→ Oui, je la descends

b. Veux-tu ouvrir tes cadeaux ?

→ Non, je ne veux les ouvrir pas

c. Pourrais-tu promener le chien tout à l'heure ?

→ Oui, je pourrais le promener

d. Le professeur a demandé de refaire les exercices ?

→ Oui, il a demandé de les refaire

e. Est-ce que vous avez apprécié ce dîner ?

→ Non, nous ne l'avons pas apprécié

f. Est-ce que tu gardes tes vieux cahiers d'école ?

→ Oui, je les garde

g. Fred va vendre sa vieille voiture à son voisin ?

→ Non, il ne va le vendre pas à son voisin

h. Est-ce que tu trouves cet exercice difficile ?

→ Non, je ne le trouve pas difficile

Transformez les phrases selon le modèle.

5

Exemple : Il faut vite ouvrir le courrier.   *mail   post*
→ Ouvrez-le vite !

a. Il faut installer ces logiciels.

→ Installez – les ✓

b. Il faut trouver la solution.

→ Trouvez – la ✓

c. Il faut vendre ce vieil ordinateur.

→ Vendez – le

d. Il faut obtenir ces informations.

→ Obtenez – les ✓

e. Il faut rapidement réunir tout le personnel.

→ Réunez – le rapidement
    réunissez

f. Il faut très vite évacuer les victimes.

→ Évacuez – les très vite ✓

g. Vous devez interrompre cette manifestation.
   interrompt

→ Interrompez – le ✓

Complétez le dialogue suivant en utilisant me, le, la, vous, les.

6

a. – Bonjour Éric !
– Bonjour monsieur le Directeur !
– Je voulais te voir. Tu dois m'écouter attentivement.

b. D'accord, je *vous* écoute.
– Dis-moi Éric, tes camarades, tu *les* connais bien ?
– Oui, je *les* connais très bien. Et, eux aussi *me* connaissent bien !

c. – Bien. Est-ce qu'ils peuvent préparer le spectacle de fin d'année ?
– Oui, je pense qu'ils sont capables de *le* faire. Nous devons *le* préparer pour quelle date ?

d. – Il *le* faudrait pour la dernière semaine avant les grandes vacances.
– Pas de problème. Je *les* convoque et je *les* informe du projet. Euh.... et les parents, vous *les* invitez aussi ?

e. – Bien sûr, je *les* invite également. Et même toute la famille si elle *le* désire !
   also
– Bon. Je dois *vous* laisser pour avertir mes camarades et *les* convaincre rapidement de *le* réaliser.

warn

f. – Je compte sur toi.
– Vous avez une idée du type de spectacle que vous voulez ? Un concert, une pièce de théâtre peut-être ?
– Oui. C'est ça. Une pièce de théâtre. Je _le_ souhaiterais drôle et vivante si possible.

g. – Avec des décors et des costumes ?
– Oui. Les décors, vous devez _les_ peindre, et les costumes, vous _les_ prenez dans notre malle à vieux vêtements.
– Bon, très bien.

h. – Allez. Au travail ! Tu viens _me_ voir si tu as un problème. À bientôt et bon courage.
– Au revoir.

B. Les pronoms indirects

Remettez ces phrases dans l'ordre.

7

Exemple : une/chante/Elle/chanson/lui.
→ Elle lui chante une chanson.

a. un/va/ordinateur/./acheter/Elle/lui/nouvel
→ Elle va lui acheter un nouvel ordinateur

b. vélo/./parents/lui/un/de/vont/Patrick/Les/offrir/rouge
→ Les parents de Patrick vont lui offrir un vélo rouge

c. des/des/Les/leur/voisins/donnent/./enfants/livres
→ Les enfants des voisins de leur donnent des livres

d. ce/Je/soir/./téléphone/te
→ Je te téléphone ce soir

e. sa/fils/mes/vend/me/calculatrice/de/amis/Le/.
→ Le fils de mes amis me vend sa calculatrice

f. lui/la/rend/./La/monnaie/commerçante
→ La commerçante lui rend la monnaie

g. ./la/leur/L'/accusé/vérité/dit
→ L'accusé leur dit la vérité

h. je/le/dessert/,/soir/./dîner/le/Pour/vous/de/ce/apporte
→ Pour le dîner de ce soir, je vous apporte le dessert

8 Soulignez la bonne proposition.

Exemple : Pour mes prochaines vacances, mon frère **me**/lui/le prête sa tente.

a. Pour la fête de Pauline, je **lui**/l'/la offre des fleurs.

b. Allons du calme les enfants ! Je te/lui/**vous** demande le silence.

c. Nos parents ! Nous allons le/**leur**/lui écrire demain.

d. – Fred, tu as téléphoné à ta sœur ? – Oui, je l'/le/**lui** ai téléphoné hier.

e. – Qu'est-ce que vous avez dit aux voisins ? – Nous le/lui/**leur** avons dit merci.

f. Pour l'anniversaire de Paul, nous **le**/lui/la préparons un gâteau.

g. J'ai parlé à Christine, je la/leur/**lui** ai parlé de la fête.

h. Quand elle le/**lui**/leur explique cet exercice, les étudiants comprennent tout de suite.

9 Remplacez la partie soulignée par le pronom correspondant.

Exemple : Hector annonce ses mauvaises notes à ses parents.
→ Hector leur annonce ses mauvaises notes.

a. Vous dites à vos enfants de ne pas regarder la télévision trop tard ?
→ Vous leur dites de ne pas regarder le télévision trop tard ?

b. J'écris une lettre à ma grand-mère.
→ Je lui écris une lettre.

c. Sophie explique l'exercice à son camarade de classe.
→ Sophie lui explique l'exercice.

d. Le professeur demande aux étudiants d'être attentifs.
→ Le professeur leur demande d'être attentifs.

e. Yvan propose à ses amis de venir dîner.
→ Yvan leur propose de venir dîner.

f. Les étudiants répondent au professeur.
→ Les étudiants lui répondent.

g. Jeanne confie ses poissons rouges à sa meilleure amie.
→ Jeanne lui confie ses poissons rouges.

h. Le policier interdit aux photographes de s'approcher de l'accident.
→ Le policier leur interdit de s'approcher de l'accident.

Les pronoms compléments d'objet

Répondez aux questions comme dans l'exemple.

10

Exemple : Faites-vous souvent des compliments à vos amis ?   *faire compliments*
→ Oui, je leur fais souvent des compliments.
→ Non, je ne leur fais pas souvent de compliments.

a. Parlez-vous aux inconnus ?   *étranger*

→ Non, je ne leur parle pas

b. Téléphonez-vous souvent à vos amis ?

→ Oui, je leur téléphone souvent

c. Pouvez-vous réciter un poème à votre meilleure amie ?

→ Non, je ne lui peux pas réciter un poème

d. Avez-vous annoncé le résultat à votre professeur ?

→ Oui, je lui ai annoncé le résultat

e. Est-ce que vous apportez un dessert à vos voisins pour le dîner.

→ Oui, je leur apporte un dessert pour le dîner

f. Donnez-vous des conseils à vos parents ?

→ Non, je ne leur donne pas des conseils

g. Envoyez-vous vos vœux à vos proches ?   *un vœu - wish*   *close friends/family • faire un vœu - make a wish*

→ Oui, je leur envoie mes vœux.

h. Prêtez-vous volontiers des disques à vos amis ?

→ Non, je ne leur prête pas volontiers des disques.

Transformez les phrases suivantes à la forme négative.

11

Exemple : Raconte-nous cette histoire !   *raconter - to tell a story*
→ Ne nous raconte pas cette histoire !

a. Écrivez-leur de belles lettres !

→ Ne leur écrivez pas de belles lettres

b. Allons lui parler de cette affaire !

→ N'allons lui pas parler de cette affaire

c. Donnez-leur du pain !

→ Ne leur donnez pas de pain !

d. Confie-lui tes secrets !

→ Ne lui confie pas tes secrets

e. Venez nous rendre une visite !

→ *Ne votre nous venez pas rendre de visite.*

catch
f. Attrape-lui son ballon !

→ *N'atrape pas lui son ballon*

g. Refuse-leur ce service !

→ *Ne leur refuse pas ce service.* ✓

h. Prends-toi une glace !

→ *Ne toi prends pas du glace.*
        te

C. La double pronominalisation

Remplacez les éléments soulignés par un pronom.

⑫

Exemple : Odile, tu postes cette lettre à ta grand-mère ?
→ Tu la lui postes ?

a. Jules, tu annonces tes résultats à tes parents ?

→ *Tu les leur annonces.* ✓

b. Ils ont rendu leurs devoirs au professeur ?

→ *Ils les lui ont rendu* ✓

c. Elle parle de ses problèmes à ses amies ?

→ *Elle les leur en parle*

un
d. Vous expliquez l'exercice à vos camarades ?

→ *Vous expliquez le leur a*

e. Fred, tu as gardé du gâteau pour tes invités ?

→ *Tu le leur es as gardé*

aunt
f. Lucie veut offrir des fleurs à sa tante.

→ *Lucie veut les lui en offrir*

g. Vous laissez les clés au concierge.

→ *Vous les lui laissez*

prevent, stop
h. Paul empêche son frère de dormir.

→ *Paul l'en lui empêche*

Quelle temps fait-il ? - What's the weather like?

13 Remettez ces phrases dans l'ordre.

Exemple : Ne/lui/./achetez/pas/en
→ Ne lui en achetez pas.

a. parlez/Ne/en/pas./leur.
→ Ne leur en parlez pas. ✓

b. le/explique/lui/Ne/pas.
→ Ne lui le explique pas

c. donne/leur/Ne/les/pas.
→ Ne les leur donne pas. ✓

d. Commande/deux./en/lui
→ Commande-lui-en deux. ✓

e. y/Ne/plus./emmène/les
→ Ne les y emmène plus ✓

f. la/pas./nous/Ne/raconte
→ Ne nous la raconte pas. ✓

g. pas./le/dis/lui/Ne
→ Ne le lui dis pas ✓

h. Ne/plus./vous/méfiez/en
→ Ne vous en méfiez plus. ✓

se méfier de quelqu'un - not to trust sb.

14 Répondez aux questions comme dans l'exemple.

Exemple : Est-ce que le directeur donne les résultats des tests aux étudiants ?
→ Oui, il les leur donne.
→ Non, il ne les leur donne pas.

a. Est-ce que les touristes demandent l'heure à un passant ? (passer-by)
→ Oui, ils la lui demandent. ✓

b. Est-ce que le météorologue annonce le mauvais temps aux téléspectateurs ?
→ Non, il ne ~~les~~ le leur annonce pas. ✓

witness describe events

c. Est-ce que le témoin a décrit les événements au policier ?
→ Non, il ne les lui a pas décrit ~~pas~~

d. Est-ce que le guide touristique indique de bons restaurants au groupe ?

→ Oui, *il les leur en indique*

e. Est-ce que ton père va vendre sa voiture à ton voisin ?

→ Non, *il ne va pas la lui vendre*

f. Est-ce que tu dois interdire les sorties à ton frère ?

→ Oui, *je dois les lui interdire*

g. Est-ce que Jean va avouer la vérité à son père ?

→ Non, *Jean ne va pas la lui avouer*

h. Est-ce que Katia a trouvé un cadeau à son petit ami ?

→ Oui, *elle lui en a trouvé un*

15 Transformez les phrases en remplaçant la partie soulignée par un pronom.

Exemple : Raconte-nous cette histoire !
→ Raconte-la-nous !

a. Écrivez-leur de belles lettres !

→ ....

b. Allons lui parler de cette affaire !

→ ....

c. Donnez-leur du pain !

→ ....

d. Confie-lui tes secrets !

→ ....

e. Venez nous acheter un ticket !

→ ....

f. Attrape-lui son ballon !

→ ....

g. Refuse-leur ce service !

→ ....

h. Achète-toi une paire de lunettes !

→ ....

16 Complétez les phrases suivantes par des pronoms compléments.

a. Les enfants veulent aller au cinéma ce soir. Je vais .... conduire.

b. Les étudiants souhaitent faire un grand voyage. Il faut .... organiser un.

c. Gérald aimerait m'emprunter mes disques. Je pense .... prêter.

d. Je prends le vélo de mon frère. Je dois .... demander avant.

e. Nous voulons dîner avec nos voisins au restaurant. Nous essayons de .... inviter.

f. Vous demandez des cadeaux au Père Noël ? Vous .... commandez beaucoup ?

g. Mon beau-frère veut vendre sa voiture. J'espère .... acheter bon marché.

h. Léa doit annoncer ses résultats scolaires à ses parents. Elle doit .... parler.

17 Complétez le dialogue suivant avec des pronoms compléments.

Éric se trouve chez son amie Marie.

ÉRIC : Tu as beaucoup de CD ?

MARIE : Pas mal, oui. J'(1) ...... ai une bonne centaine.

ÉRIC : Tu (2) ...... achètes où ?

MARIE : Je (3) ...... trouve en général chez le disquaire.

ÉRIC : Tu pourrais (4) ...... (5) ...... prêter trois ou quatre ?

MARIE : Euh... Tu sais, je (6) ...... partage avec mon frère. Il faut (7) ...... demander également.

ÉRIC : Très bien. Je vais (8) ...... (9) ...... parler.

Quelques minutes plus tard...

MARIE : Alors ? Il veut bien (10) ...... laisser (11) ...... choisir ?

ÉRIC : Il dit que je peux (12) ...... prendre quelques-uns.

MARIE : Bon d'accord, choisis-(13) ...... ! Au fait, nous (14) ...... récupérons quand ?

ÉRIC : Je (15) ...... (16) ...... rapporte la semaine prochaine. C'est bon ?

MARIE : Oui. Samedi prochain, viens (17) ...... voir mais ne (18) ...... oublie pas !

II Les pronoms compléments prépositionnels

II

Rappel

En remplace des noms précédés de la préposition *de* :

• pour la quantité indéterminée :	• pour les verbes construits avec *de* :

– Vous avez **des enfants** ?
– Oui, j'**en** ai deux.

– Il parle souvent **de ses vacances** ?
– Oui, il **en** parle souvent.

Y remplace des noms précédés de la préposition *à*, *dans*, *chez* :

• pour l'expression d'un lieu :	• avec des verbes du type *penser* :

– Nous allons **à la piscine** ?
– Oui, nous **y** allons.

– Vous pensez **à notre rendez-vous** ?
– Oui, j'**y** pense.

• ATTENTION : Dans le cas où le nom qui suit la préposition désigne une personne, la pronominalisation n'entraîne pas la disparition de la préposition et requiert l'utilisation d'un pronom tonique : *moi, toi, lui, elle, nous, vous, eux, elles.*

– Ils dînent **chez Paul et Marie** ?
– Oui, ils dînent **chez eux**.

– Elle pense **à son frère** ?
– Oui, elle pense **à lui**.

Remettez ces phrases dans l'ordre.

18

Exemple : manges/Tu/?/souvent/en
→ Tu en manges souvent ?

a. deux/acheter/./en/Je/kilos/vais

→ ....

b. pas/?/Tu/en/t'/occupes/ne

→ ....

c. prend/le/Elle/que/n'/matin/./en

→ ....

d. t'/pas/fais/en/Ne/!

→ ....

e. n'/voulez/plus/en/?/Vous

→ ....

f. ./en/Je/d'/rêve/prendre

→ ....

g. bien/!/joues/en/vraiment/Tu

→ ....

h. as/n'/besoin/Tu/en/pas/?

→ ....

Répondez aux questions comme dans l'exemple.

19

Exemple : Est-ce qu'il fait du vélo ? (chaque matin/jamais)
→ Oui, il en fait chaque matin.
→ Non, il n'en fait jamais.

a. S'occupe-t-il de son chien ? (tous les soirs/pas du tout)

→ Oui, ...

→ Non, ...

b. Est-ce que vous parlez de vos problèmes ? (facilement/pas souvent)

→ Oui, ...

→ Non, ...

c. Les enfants prennent-ils du café ? (avec du lait/absolument jamais)

→ Oui, ...

→ Non, ...

d. Est-ce que vous avez besoin d'un dictionnaire ? (parfois/jamais)

→ Oui, ...

→ Non, ...

e. Elle demande de l'aide à son voisin ? (quelquefois/pas du tout)

→ Oui, ...

→ Non, ...

f. Tu te souviens de ce fait divers surprenant ? (très bien/absolument pas)

→ Oui, ...

→ Non, ...

g. Est-ce qu'elles mettent du beurre sur leurs tartines ? (beaucoup/presque jamais)

→ Oui, ...

→ Non, ...

h. Vous portez des lunettes pour lire ? (systématiquement/plus)

→ Oui, ...

→ Non, ...

Retrouvez les questions possibles aux réponses données ci-dessous.

20

Exemple : Oui, nous en parlons beaucoup.
→ Parlez-vous souvent de ce film ?

a. Non, nous ne savons pas nous en servir.

→ ....

b. Non, elle n'en a pas envie.

→ ....

c. Oui, il en rêve souvent.

→ ....

d. Oui, je m'en souviens très bien.

→ ....

e. Non, je n'en suis pas capable.

→ ....

f. Non, ils n'en ont pas besoin.

→ ....

g. Oui, elles vont bien s'en occuper.

→ ....

h. Oui, nous en avons discuté avec lui.

→ ....

Les pronoms compléments prépositionnels

Écrivez la réponse comme dans l'exemple.

21

Exemple : Vous mangez des fruits ? (oui – beaucoup)
→ Oui, j'en mange beaucoup.

a. Voulez-vous des timbres pour cette carte postale ? (oui – deux)

→ ....

b. Tu écris des poèmes ? (non – pas souvent)

→ ....

c. Vous mettez des jupes l'été ? (oui – quelquefois)

→ ....

d. Tu lis des bandes dessinées ? (oui – énormément)

→ ....

e. Elle ajoute du lait dans son thé ? (non – jamais)

→ ....

f. Passez-vous du temps avec vos amis ? (non – pas assez souvent)

→ ....

g. Trouvez-vous des réponses à tous ces problèmes ? (non – beaucoup)

→ ....

h. Écoute-t-il de la musique le soir ? (oui – parfois)

→ ....

B. Le pronom « y »

Répondez aux questions par oui et non en utilisant « y ».

22

Exemples : Le week-end, tu restes à la maison ?/   Tu t'intéresses à l'art contemporain ?
→ Oui, j'y reste.   → Oui, je m'y intéresse.
→ Non, je n'y reste pas.   → Non, je ne m'y intéresse pas.

a. Tu t'inscris bientôt à l'université ?
→ Oui, ...
→ Non, ...

b. Elle participe à des compétitions ?
→ Oui, ...
→ Non, ...

c. Tes parents t'accompagnent au collège ?
→ Oui, ...
→ Non, ...

d. Vous allez souvent au cinéma ?
→ Oui, ...
→ Non, ...

Les pronoms compléments prépositionnels

e. Tu penses <u>à tes prochaines vacances</u> ?

→ Oui, ...

→ Non, ...

f. Elles habitent <u>à Bordeaux</u> ?

→ Oui, ...

→ Non, ...

g. Vous répondez <u>à ces questions</u> ?

→ Oui, ...

→ Non, ...

h. Ils dînent régulièrement <u>au restaurant</u> ?

→ Oui, ...

→ Non, ...

(23) **Remplacez les éléments soulignés par « y ».**

Exemple : Pierre ne monte pas <u>à la tour Eiffel</u>.
→ Il n'y monte pas.

a. Elle ne se prépare pas très bien <u>à ses examens</u>.

→ ....

b. Ils ne vont pas entrer <u>dans ce musée</u>.

→ ....

c. Vous descendez <u>à la cave</u> ?

→ ....

d. Je passe <u>chez Paul</u> ce soir.

→ ....

e. L'hiver, il fait froid <u>au Japon</u> ?

→ ....

f. Franck ne s'attend pas <u>à cette surprise</u>.

→ ....

g. Vous êtes <u>chez vous</u> ce week-end ?

→ ....

h. Tu fais trop attention <u>à tous ces petits détails</u>.

→ ....

(24) **Que remplace « y » ? Cochez la ou les bonne(s) réponse(s).**

Exemple : J'y retourne chaque année pour mes vacances.
    1. ☑ en Espagne   **2.** ☐ l'Espagne

a. Tu y joues bien ?

    1. ☐ aux cartes   **2.** ☐ du piano

b. Elle y range tous ses disques.

    1. ☐ l'armoire   **2.** ☐ sur l'étagère

c. Nous y allons une fois par mois.

    1. ☐ au Sénégal   **2.** ☐ à la patinoire

d. Vous y restez longtemps ?

    1. ☐ dans votre bain   **2.** ☐ le cinéma

e. Il y pense vraiment trop souvent !

    1. ☐ à sa mère   **2.** ☐ à ce voyage

f. Ils y conduisent leurs enfants chaque jour.

    1. ☐ chez le professeur   **2.** ☐ à l'école

g. Elles y retrouvent toutes leurs amies.

    1. ☐ à la cafétéria   **2.** ☐ en vacances

h. Vous y verrez différentes sortes d'animaux.

    1. ☐ le zoo   **2.** ☐ au cirque

C. De lui, d'elle, d'eux, à lui, à elle, à eux

Remplacez les éléments soulignés par de lui, d'elle(s), d'eux.

25

Exemple : Ma voisine se méfie <u>des rôdeurs</u>.
→ Ma voisine se méfie d'eux.

a. Elle reçoit beaucoup de lettres <u>de son ami</u>.

→ ....

b. Ma sœur me parle souvent <u>de sa fille</u>.

→ ....

c. Que pensez-vous <u>de cet acteur</u> ?

→ ....

d. Ce professeur est content <u>de ses étudiants</u>.

→ ....

e. Cet enfant a vraiment besoin <u>de sa mère</u>.

→ ....

f. Pourquoi plaisantes-tu toujours à propos <u>de ce comédien</u> ?

→ ....

g. Il faut te renseigner auprès <u>de la secrétaire</u>.

→ ....

h. Elle se moque <u>de son voisin</u>.

→ ....

26 Remplacez les éléments soulignés par à lui, à elle(s), à eux.

Exemple : Quand elle a de gros ennuis, Jeanne recourt souvent <u>à ses parents</u>.
→ Elle recourt souvent à eux.

a. Est-ce que tu t'intéresses <u>à cet artiste</u> ?

→ ....

b. Nous pensons beaucoup <u>à nos parents</u>.

→ ....

c. Suzanne se confie volontiers <u>à ses amies</u>.

→ ....

d. Pour cette demande, tu dois t'adresser <u>au directeur</u>.

→ ....

e. L'animal ne s'attaque <u>à l'homme</u> que s'il se sent menacé.

→ ....

f. Ce directeur est très attaché <u>à ses élèves</u>.

→ ....

g. Paul tient beaucoup <u>à sa grand-mère</u>.

→ ....

h. La jeune infirmière fait très attention <u>aux nouveaux-nés</u>.

→ ....

27 Que remplace la partie soulignée ? Cochez la bonne réponse.

Exemple : Gérard ne s'est pas assez méfié <u>d'eux</u>.
1. ☐ des exercices   2. ☑ de ses nouveaux amis

a. Ma grand-mère s'<u>en</u> occupe très bien.
1. ☐ de sa voiture   2. ☐ de mon petit frère

b. Cet entraîneur s'intéresse beaucoup <u>à elle</u>.

　　1. ☐ à cette discipline　　2. ☐ à cette jeune coureuse

c. Comme je suis malade, je dois <u>y</u> rester toute la semaine.

　　1. ☐ dans mon lit　　2. ☐ de la maison

d. Nous <u>en</u> mangeons très souvent.

　　1. ☐ au restaurant　　2. ☐ des huîtres

e. Arrêtez de me parler <u>de lui</u>.

　　1. ☐ de ce film　　2. ☐ de cet acteur

f. Paul s'<u>en</u> désintéresse complètement.

　　1. ☐ des jeux vidéo　　2. ☐ de sa nouvelle voisine

g. Tu sais, moi, je n'<u>y</u> pense pas très souvent.

　　1. ☐ aux examens　　2. ☐ à tous mes professeurs

h. Lili m'a dit qu'elle pouvait se passer <u>de lui</u>.

　　1. ☐ de son baladeur　　2. ☐ de Simon

Répondez par oui et par non aux questions suivantes en utilisant en, y, à lui, de lui, à elle(s), d'elle(s), à eux, d'eux.

(28)

Exemples : Vous doutiez-vous de cet événement ?
→ Oui, je m'en doutais./ Non, je ne m'en doutais pas.

Dites-vous du bien de vos amis ?
→ Oui, je dis du bien d'eux./ Non, je ne dis pas de bien d'eux.

a. Est-ce que vous avez peur des araignées ?

→ Oui, ...

→ Non, ...

b. Vous vous plaignez souvent de votre petit frère ?

→ Oui, ...

→ Non, ...

c. Vous intéressez-vous au chanteur du groupe Kyo ?

→ Oui, ...

→ Non, ...

d. Allez-vous aux Pays-Bas l'hiver prochain ?

→ Oui, ...

→ Non, ...

e. Vous souvenez-vous de vos amis d'enfance ?

→ Oui, ...

→ Non, ...

f. Vous vous moquez de votre petite cousine ?

→ Oui, ...

→ Non, ...

g. Pour vos problèmes, vous adressez-vous à vos parents ?

→ Oui, ...

→ Non, ...

h. Pensez-vous souvent à votre meilleure amie ?

→ Oui, ...

→ Non, ...

Bilan

Complétez le dialogue suivant.

(29)

À la cafétéria, Éric retrouve un groupe d'amis.

LE GROUPE : Salut Éric !

ÉRIC : Salut les gars !

THOMAS : Alors ce test de chimie, tu es prêt ?

ÉRIC : Arrête ! J'**(1)** .... pense tous les jours.

LUC : Ne nous dis pas que tu **(2)** .... rêves aussi ?

ÉRIC : Non, bien sûr. Je n'**(3)** .... rêve pas, mais...

THOMAS : Mais quoi ?

ÉRIC : Eh bien, je suis inquiet pour Marie.

LÉA : Marie ? Tu te préoccupes **(4)** .... ?

ÉRIC : Oui, enfin... Je ne veux pas vous parler **(5)** .... maintenant.

SANDRA : C'est ça ! Tu es amoureux **(6)** .... et tu ne veux pas nous **(7)** .... parler. C'est sympa !

ÉRIC : Non, ce n'est pas ça, mais...

THOMAS : Mais quoi ?

ÉRIC : Vous savez, Marie et moi passons beaucoup de temps ensemble à nous préparer pour ce test.

SANDRA : C'est normal d'**(8)** .... passer du temps !

ÉRIC : Je crois qu'elle ne comprend pas grand-chose à la chimie.

LÉA : Tu penses qu'elle n'(9) .... comprend rien. Peut-être qu'elle s'(10) .... moque...

ÉRIC : Non, mais qu'elle se désintéresse complètement des cours de chimie.

LUC : Je ne crois pas qu'elle s'(11) .... désintéresse. Elle n'est pas capable de tout abandonner.

ÉRIC : Au contraire, je pense qu'elle (12) .... est vraiment capable.

LUC : Mais non, Marie a besoin d'avoir confiance en elle, c'est tout.

ÉRIC : Là, je suis d'accord. Elle (13) .... a vraiment besoin. Elle a sûrement peur de l'échec.

SANDRA : Bien sûr qu'elle (14) .... a peur ! Et c'est aussi pour cette raison que tu ne dois pas douter (15) .... Mon avis, c'est qu'elle va bien réussir ce test car, elle aussi, elle doit être en train d'(16) .... penser en ce moment.

III Les différents moments de l'action

Je vais boire.

Je commence à boire.

Je suis en train de boire.

Je finis de boire.

Je viens de boire.

J'ai bu.

30 Complétez les phrases suivantes par commencer à ou finir de.

Exemple : Rentrons vite, il .... pleuvoir !
→ Rentrons vite, il commence à pleuvoir !

a. Il est tard. Il .... faire nuit.

b. Il .... s'habiller et il arrive.

c. Je .... être fatigué ; je vais au lit.

d. Je suis prête ! Une minute ! Je .... me chausser.

e. À quel âge les enfants .... parler ?

f. Cet exercice est simple, je .... le comprendre.

g. Luc et Thomas .... faire la vaisselle et regardent un bon film.

h. Ce soir ! Un concert ? Nous .... de manger et nous y allons.

31 Complétez les phrases suivantes par venir de (passé récent) ou aller + infinitif (futur proche).

Exemples : Arrête cette radio, je viens de l'écouter pendant deux heures.
Cette chanson m'agace, je vais l'arrêter.

a. La nuit commence à tomber, nous .... rentrer à la maison.

b. Marie ? Je suis désolé, elle n'est pas là, elle .... sortir.

c. Goûte ce gâteau ! Je .... le préparer.

d. C'est décidé ; cette année, vous .... partir au Pérou ?

e. Pour son anniversaire, Thomas .... tous nous inviter.

f. À la Saint-Valentin, je .... offrir des fleurs à Marie.

g. La voiture est encore en panne et pourtant je .... la faire réparer.

h. Ce soir, mes parents et moi .... dîner au restaurant.

32 Reliez les éléments des deux colonnes.

a. Que fais-tu maintenant ?
b. Éric, tu viens manger !
c. Ton ami a appelé hier !
d. Tu viens jouer !
e. Dépêche-toi !
f. Ce film est trop long !
g. Bon ! Que fait ta sœur ?
h. Où est passé le chien ?

1. Très bien. Je vais le rappeler plus tard.
2. Il vient de sortir dans le jardin.
3. Attends, je finis de dîner.
4. Je suis en train de jouer avec le chat.
5. Je commence à m'endormir.
6. Oui, j'arrive ! Je finis de ranger mes livres.
7. Elle est en train de discuter avec son amie.
8. Le train est sur le point de partir.

Cochez les bonnes propositions (plusieurs possibilités).

33

Exemple : Quel orage ! Rentrons vite ! Je n'ai pas de parapluie et
1. ☑ il commence à pleuvoir.
2. ☑ il va pleuvoir.
3. ☐ il vient de pleuvoir.

a. Zut ! Le film commence dans 5 minutes ! On...
1. ☐ va rater le début.
2. ☐ est en train de rater le début.
3. ☐ rate le début.

b. 19 heures ! Trop tard ! Les commerçants...
1. ☐ finissent de fermer les boutiques
2. ☐ vont fermer les boutiques.
3. ☐ ferment les boutiques.

c. Le téléphone sonne toujours quand...
1. ☐ je suis en train de me doucher.
2. ☐ je viens de me doucher.
3. ☐ je suis sur le point de me doucher.

d. L'exercice ? Oui, il l'a fini il y a 3 minutes !
1. ☐ Il commence à le rendre.
2. ☐ Il va le rendre.
3. ☐ Il vient de le rendre.

e. Tiens ! Je te rapporte ce livre.
1. ☐ Je viens de le finir.
2. ☐ Je commence à le lire.
3. ☐ J'ai fini de le lire.

f. Vite ! Pressons-nous !
1. ☐ L'avion vient de partir.
2. ☐ Nous allons manquer notre avion.
3. ☐ L'avion commence à partir.

g. Attention au départ ! Ça y est ! C'est parti !
1. ☐ Les coureurs viennent de s'élancer.
2. ☐ Les coureurs sont sur le point de s'élancer.
3. ☐ Les coureurs vont s'élancer.

h. Chut ! Ne la réveille pas !
1. ☐ Elle est sur le point de s'endormir.
2. ☐ Elle commence à s'endormir.
3. ☐ Elle vient de s'endormir.

Complétez ces phrases en mettant le verbe entre parenthèses au passé récent.

34

Exemple : Robert vient de partir à l'instant : cette soirée l'ennuyait ! (partir)

a. Quelle belle histoire ! Je .... une histoire fantastique ! (finir)

b. Bienvenue à bord du vol AF 8314 ; nous .... de l'aéroport de Paris. (décoller)

c. Pardon madame, qu'est-ce que vous .... ? Je n'ai pas compris. (dire)

d. Vous arrivez trop tard. Vos amis .... la salle. (quitter)

e. Comment s'appelle la chanson que tu .... (chanter). Je reconnais l'air.

f. Quel dommage ! Le concert .... ! (être annulé)

g. Ils .... le retard du départ du train. Il part dans dix minutes. (annoncer)

h. C'est enfin les vacances ! Nous .... nos derniers cours ! (terminer)

(35) Répondez aux questions comme dans l'exemple. Attention aux pronoms !

Exemple : Tu as compris ce texte ?
→ Oui, je viens de le comprendre.

a. Vous avez appelé vos parents ?

→ Oui, ...

b. Elle a fini son travail pour demain ?

→ Oui, ...

c. Tu as prévenu tes amis pour ta fête ?

→ Oui, ...

d. Il a donné son numéro de téléphone à sa copine ?

→ Oui, ...

e. Vous avez pris un dessert ?

→ Oui, ...

f. Tu as écrit à tes frères et sœurs ?

→ Oui, ...

g. Il est entré à l'hôpital ?

→ Oui, ...

h. Elles ont conduit leurs enfants au collège ?

→ Oui, ...

Les différents moments de l'action

36 Écrivez sous chacune des illustrations les différents moments de l'action « manger ».

a. Paul est en train de manger.

b. Paul est sur le point de manger.

c. Paul commence à manger.

d. Paul finit de manger.

e. Paul va manger.

f. Paul vient de manger.

g. Paul mange.

h. Paul a fini de manger.

1. ....

....

6. ....

....

2. ....

....

7. ....

....

3. ....

....

8. ....

....

4./5. ....

....

....

....

Les temps du passé

Le passé composé	Le plus-que-parfait

Le passé composé

Avoir au présent + participe passé

Manger
J'ai mangé
Tu as mangé
Il/Elle/On a mangé
Nous avons mangé
Vous avez mangé
Ils/Elles ont mangé

Être au présent + participe passé

Rester
Je suis resté(e)
Tu es resté(e)
Il est resté
Elle est restée
On est resté(e)s
Nous sommes resté(e)s
Vous êtes resté(e)(s)
Ils sont restés
Elles sont restées

Le plus-que-parfait

Avoir à l'imparfait + participe passé

Manger
J'avais mangé
Tu avais mangé
Il/Elle/On avait mangé
Nous avions mangé
Vous aviez mangé
Ils/Elles avaient mangé

Être à l'imparfait + participe passé

Rester
J'étais resté(e)
Tu étais resté(e)
Il était resté
Elle était restée
On était resté(e)s
Nous étions resté(e)s
Vous étiez resté(e)(s)
Ils étaient restés
Elles étaient restées

L'imparfait **Dormir**

Je dormais   Nous dormions
Tu dormais   Vous dormiez
Il/Elle/On dormait   Ils/Elles dormaient

Aujourd'hui, il fait beau.

Hier, il a plu.

L'année dernière, ce jour-là, il neigeait.

L'année dernière, avant la tempête de neige, il avait fait beau.

37 Complétez les phrases suivantes avec le verbe proposé au passé composé en utilisant l'auxiliaire être. Attention à l'accord du participe passé !

Exemple : Luc et Éric sont arrivés hier soir par le train. (arriver)

a. Pendant la course, je ...suis... tombée... par terre. (tomber)

b. Nous ...sommes... restés... jusqu'à la fin du spectacle. (rester)

c. Dites-moi, monsieur Martin, en quelle année vous ...êtes... nés... ? (naître)

d. Il y a maintenant deux ans que ma souris blanche ...est... morte... . (mourir)

e. La semaine dernière, mes amis ...sommes... allés... faire du ski. (aller)

f. À quelle heure tu ...es... parti... de la maison ? (partir)

g. Depuis quand il ...est... revenu... du Brésil ? (revenir)

h. Devant un public, Marie et son amie ...sont... devenues... très timides. (devenir)

38 Complétez les phrases suivantes avec le verbe proposé au passé composé en utilisant l'auxiliaire avoir.

Exemple : Il a adoré ce film d'aventure. (adorer)

a. À Noël, nous .... de la dinde aux marrons. (manger)

b. En juillet, elles .... l'Italie en train. (traverser)

c. Ces étudiants .... le Futuroscope de Poitiers. (visiter)

d. Marie .... de venir au cinéma avec moi. (accepter)

e. Tu .... le dernier Ben Harper ? (écouter)

f. Ma sœur .... ma mère à faire ce gâteau. (aider)

g. Pour le spectacle, vous .... votre rôle ? (travailler)

h. J'................................. mon inscription à l'université hier. (envoyer)

39 Reliez les éléments des deux colonnes.

a. Thomas et Luc   1. avons assisté à un bon concert.

b. Elles   2. as déjà pris l'avion ?

c. Marie et moi   3. me suis bien amusé hier.

d. On   4. sont venus me voir.

e. Il   5. sont parties après la fête.

f. Tu   6. est tombé du nid.

g. L'oiseau   7. a emprunté ma guitare.

h. Je   8. a dû revenir à pied.

Rayez la mauvaise proposition et soulignez l'accord si nécessaire.

40

Exemple : Hier soir, Marie a/**est** passé(<u>e</u>) chez moi.

a. Tu **as/es** sorti la poubelle ce matin ?

b. À Paris, elle **a/est** monté(e) les escaliers de la tour Eiffel ?

c. Nous **sommes/avons** passé(s) devant le Grand Théâtre de Bordeaux.

d. Vous **êtes/avez** déjà monté au sommet du Mont Blanc ?

e. Où **as/es** -tu passé tes dernières vacances ?

f. Samedi dernier, ils **ont/sont** sorti(s) avec des amis.

g. À l'arrêt du train, il **est/a** descendu acheter un sandwich.

h. De peur d'être en retard, Corinne **a/est** descendu(e) les escaliers quatre à quatre.

Racontez les événements de la soirée d'Éric en utilisant le passé composé, puis remettez-les dans l'ordre.

41

Exemple : Se doucher → Il s'est douché.

a. Attendre le bus.   → ....

b. Dire au revoir.   → ....

c. Arriver chez ses amis. → ....

d. Sortir de chez lui.   → ....

e. Retourner chez lui.   → ....

f. Boire un jus de fruits. → ....

g. Mettre son pull bleu.   → ....

h. Courir dans la rue.   → ....

1	2	3	4	5	6	7	8	9
exemple	.....	.....	.....	.....	.....	.....	.....	.....

Retrouvez les participes passés pour compléter les phrases et choisissez le bon auxiliaire.

42

Exemple : Elles ont écrit trois lettres.

E	C	R	I	T	V	O	U	L	U	C
T	V	O	L	E	E	T	E	U	A	I
S	O	U	V	E	N	U	U	D	I	T
U	T	V	U	F	D	E	C	I	D	E
A	P	E	R	C	U	C	R	I	E	V
D	U	R	I	O	P	L	U	E	L	U
B	U	T	O	M	B	E	F	I	N	I

a. Il n'.................. pas .... de dessert.

b. Le musée .... ses portes lundi dernier.

c. La semaine dernière, j'.................. .... mon voisin à la bibliothèque.

d. Mes voisins .... leur maison.

e. Éric .... sa mère à préparer le repas.

f. Pour l'examen, elle n'.................. rien .... !

g. Vous .... cet exercice ?

h. Cette année, elles .... de partir en Italie.

43 Complétez les phrases avec le verbe proposé au passé composé.

Exemple : L'année dernière, nous avons visité le musée du Louvre. (visiter)

a. Hier soir, Éric .... nous rendre visite. (venir)

b. Vous .... des fruits pour le dessert ? (acheter)

c. Ils .... pour prendre rendez-vous ? (téléphoner)

d. Hier, Luc et Thomas .... au cinéma. (aller)

e. Est-ce que tu .... *Les Misérables* de Victor Hugo ? (lire)

f. Il y a trois ans, nos amis .... en vacances en Irlande. (partir)

g. Vous .... à vos amis ? (écrire)

h. Cette nuit, ma petite sœur .... très peur. (avoir)

44 Réécrivez les phrases suivantes au passé composé à la forme négative.

Exemple : Nous aimons beaucoup ce film.
→ Nous n'avons pas beaucoup aimé ce film.

a. Elles passent souvent devant ce magasin.

→ ....

b. Juliette lit des bandes dessinées.

→ ....

c. Nous buvons du café dans ce bar.

→ ....

d. Les étudiants apprennent bien leurs leçons.

→ ....

e. Je dors vraiment bien dans ce lit.

→ ....

f. Nous comprenons parfaitement cette explication.

→ ....

g. Elle veut sincèrement faire ce métier.

→ ....

h. Il monte sa valise dans le train.

→ ....

45 ## Remettez les mots dans le bon ordre pour reconstituer les phrases.

Exemple : cause/à/n'/je/Hier/pu/bruit/étudier/./du/ai/pas/,
→ Hier, je n'ai pas pu étudier à cause du bruit.

a. anniversaire/./sont/à/ne/mon/pas/Ils/venus

→ ....

b. pas/Nous/la/regardé/n'/télévision/avons/.

→ ....

c. route/Le/n'/provoqué/d'/a/accident/./la/sur/brouillard/pas

→ ....

d. ./n'/Les/remarqué/passants/rien/d'/ont/anormal

→ ....

e. vécu/n'/à/longtemps/./pas/Elle/Bordeaux/a

→ ....

f. habitants/n'/quitté/île/ont/Ces/leur/./jamais

→ ....

g. n'/écrivain/violentes/de/lu/./critiques/pas/les/la/L'/presse/a

→ ....

h. pas/./de/à/Ils/n'/problèmes/ont/frontière/eu/la

→ ....

Répondez aux questions comme dans l'exemple. Accordez le participe passé si nécessaire.

46

Exemple : Vous avez fait vos devoirs ?
→ Oui, nous les avons faits.
→ Non, nous ne les avons pas faits.

a. Tu as demandé l'addition ?

→ Oui, ...

b. Vous avez écrit à vos copains ?

→ Non, ...

c. A-t-elle téléphoné à son frère ?

→ Oui, ...

d. Avez-vous mangé du fromage ?

→ Non, ...

e. Tu as appelé ton ami ?

→ Non, ...

f. Ils ont mis du lait dans leur café ?

→ Non, ...

g. Vous êtes allés au cinéma après dîner ?

→ Oui, ...

h. Il a vendu sa voiture à son ami ?

→ Oui, ...

B. Le passé composé des verbes pronominaux

Transformez les phrases suivantes au passé composé, comme dans l'exemple. Accordez le participe passé si nécessaire.

47

Exemple : Luc se rappelle ton numéro de téléphone.
→ Luc s'est rappelé ton numéro de téléphone.

a. Mes amis se souviennent de la date de mon anniversaire.

→ ....

b. Beaucoup de personnes se posent des questions sur l'environnement.

→ ....

c. Tu te décides enfin à partir en Chine !

→ ....

d. Qu'est-ce qu'il se passe ?

→ ....

e. Je me renseigne sur le prix des guitares électriques.

→ ....

f. Nous nous adressons à tous ceux qui veulent participer à ce jeu.

→ ....

g. Elle s'aperçoit de son erreur.

→ ....

h. Les voleurs s'enfuient pendant la nuit.

→ ....

Remettez ces phrases dans l'ordre.

48

Exemple : sont/ne/maisons/./Les/écroulées/pas/se
→ Les maisons ne se sont pas écroulées.

a. partagé/nous/cette/./ne/sommes/Nous/pas/pizza

→ ....

b. Ils/./votre/de/pas/se/blague/doutés/ne/sont

→ ....

c. téléphoné/ne/sont/Elles/hier/pas/./se

→ ....

d. ne/sont/depuis/plus/trois/se/Ils/parlé/ans/.

→ ....

e. plus/de/Il/s'/./souvenu/ne/est/rien

→ ....

f. me/./ne/le/brûlé/Je/pas/suis/doigt

→ ....

g. ne/leurs/pas/./échangé/se/adresses/Ils/sont

→ ....

h. projets/se/sont/ne/réalisés/Leurs/./pas

→ ....

49 Mettez les verbes soulignés à l'imparfait comme dans l'exemple.

Exemple : Aujourd'hui, je <u>vais</u> travailler en bus ; avant, j'allais travailler en vélo.

a. Aujourd'hui, on <u>vit</u> plus longtemps ; avant, on .... moins vieux.

b. Maintenant, avec l'Internet, les gens <u>communiquent</u> très vite ; avant, ils ....

par écrit.

c. Aujourd'hui, tu <u>lis</u> deux livres par semaine ; il y a un an, tu en .... quatre !

d. Cette année, nous <u>apprenons</u> l'italien ; l'an dernier, nous .... le français.

e. Maintenant, vous <u>utilisez</u> un ordinateur ; avant, vous .... une machine à écrire.

f. De nos jours, nous <u>sommes</u> très nombreux sur la Terre ; avant, nous .... moins

nombreux.

g. Ce mois-ci, il <u>fait</u> gris ; le mois dernier, il .... très beau.

h. Aujourd'hui, j'<u>habite</u> à Bordeaux ; il y a dix ans, j'........................... à Amsterdam.

50 Complétez les phrases en mettant les verbes proposés à l'imparfait.

Exemple : Voici ce que je faisais (faire), il y a quelques années.

a. Quand j'........................... (être) plus jeune, j'........................... (aller) souvent à la pêche.

b. Avec mon grand-père, nous .... (rester) des heures à attendre, assis au bord de l'eau.

c. Les poissons ne .... (venir) pas mordre notre ligne.

d. Ils .... (passer) seulement à côté de l'hameçon.

e. Parfois, je .... (jeter) un peu de pain pour les attirer.

f. Mon grand-père, lui, ... (s'endormir) sous un arbre, à l'ombre.

g. Quand j'........................... (avoir) une prise, il .... (se réveiller),

h. Plus tard, nous .... (rentrer) et nous .... (être) contents.

Retrouvez les 10 verbes à l'imparfait cachés dans la grille et notez leur forme infinitive.

C	H	U	R	L	I	O	N	S
S	A	V	A	I	E	N	T	V
O	L	A	I	S	S	I	E	E
R	L	A	V	I	E	Z	N	R
T	A	C	H	E	T	A	I	S
A	I	D	E	Z	A	U	E	A
I	S	V	I	V	I	E	Z	I
S	A	U	T	A	I	E	N	T

→ Hurler ....
→ ....
→ ....
→ ....
→ ....

→ ....
→ ....
→ ....
→ ....
→ ....

Reliez les éléments des deux colonnes.

52

a. Quand il était petit,   1. j'adorais collectionner les porte-clés.
b. Avant, il n'y avait pas de circulation   2. il aimait beaucoup lire.
c. Lorsque j'avais treize ans,   3. les communications se faisaient par écrit.
d. Mon oncle avait l'habitude d'écouter la   4. et les gens se déplaçaient à pied.
radio,
e. En ce temps-là, le service militaire était   5. le soleil se levait.
obligatoire
f. L'anniversaire d'Éric, c'était fantastique !   6. puis il partait travailler.
g. Il y a quelques années, le téléphone portable   7. Il y avait plein de monde.
n'existait pas ;
h. Quand on partait à l'école, ma sœur et moi,   8. et il durait 24 mois.

Complétez les phrases suivantes en mettant les verbes proposés au présent ou à l'imparfait.

53

Exemple : Avant j'aimais bien dessiner ; maintenant, j'expose mes créations. (aimer/exposer)

a. Chaque année, nous .... le train pour nous rendre en Espagne, mais cette année,

nous .... en voiture. (prendre/partir)

b. Il y a dix ans, je .... en Australie, maintenant, j'.................... à Paris. (vivre/habiter)

c. Enfant, elle .... regarder les bateaux quand elle .... au bord de la mer. Maintenant, elle .... des régates. (adorer/aller/faire)

d. Nos ancêtres .... écouter la nature et ils .... l'environnement ; aujourd'hui, on .... devant un grave problème. (savoir/respecter/se trouver)

e. Je me souviens : le matin, tu .... un grand bol de café, tu .... la radio et, avant d'aller aux champs, tu .... le ciel par la fenêtre. (boire/allumer/regarder)

f. Dis-moi, l'année dernière, tu ne .... pas du piano et maintenant, tu .... jouer quelques morceaux classiques ! (jouer/pouvoir)

g. Lui ? Avant d'être comédien, il .... chanteur et il .... ses textes. (être/écrire)

h. Déjà, adolescent, il .... des difficultés pour lire alors, aujourd'hui, il .... des lunettes. (avoir/porter)

Réécrivez ce texte à l'imparfait.

54

Flash information :

À cause de l'énorme quantité d'eau qu'il y a dans les rues de la ville, les habitants ne peuvent pas sortir. Certains montent sur le toit des maisons et appellent à l'aide, d'autres évacuent l'eau comme ils le peuvent. La réalité est catastrophique : des arbres dérivent au milieu des voitures, flottent et vont percuter les maisons, des animaux nagent à grand peine dans un courant qui les déportent. Les secours ne peuvent qu'attendre une baisse du niveau de l'eau pour aider les victimes à sortir de cette incroyable inondation.

→ À cause de l'énorme quantité d'eau qu'il y avait ....

....

....

....

....

....

....

....

55 Complétez les phrases de chaque colonne avec les verbes proposés, puis associez-les.

a. Quand Paul .... (étudier),

b. Lorsque tu .... (pêcher),

c. À l'époque où vous .... (sortir),

d. Avant d'être chercheur, ───────────

e. Dès l'instant où nous .... (arriver) près du village,

f. À partir du moment où la météo .... (annoncer) des baisses de températures,

g. Dès que Lucie .... (recevoir) une lettre de son copain,

h. Nous .... (savoir) que, pour traverser le désert,

1. elle ....(sourire)

2. vous .... (ne pas rentrer) tard.

3. mon père .... (faire) du feu dans la cheminée.

4. il .... (falloir) des réserves d'eau importantes.

5. tu .... (attraper) beaucoup de poissons.

6. vous étiez (être) conférencier.

7. il .... (passer) beaucoup de temps à la bibliothèque.

8. nous .... (se sentir) très bien.

D. L'expression du passé (1)

56 À l'aide du tableau, construisez des phrases au passé comme dans l'exemple.

Le moment	La personne	La situation	L'événement
Exemple : Il y a quelques années	je	aimer l'aventure	partir en Amérique du Sud
a. L'année dernière	il	être malade	rater l'école
b. Hier soir	nous	avoir rendez-vous	partir plus tôt
c. Dimanche	vous/il	pleuvoir	rester à la maison
d. Le week-end dernier	nous/il	faire mauvais temps	jouer aux cartes
e. Avant-hier	tu	avoir le temps	aller au cinéma
f. Ce matin	elles/il	ne plus y avoir de thé	ne pas prendre leur petit déjeuner
g. Hier soir	vous	être en panne d'essence	rentrer à pied à la maison
h. Le mois dernier	je	avoir très envie de lire	s'acheter des livres

Exemple : Il y a quelques années, je suis parti en Amérique du Sud parce que j'aimais l'aventure.

a. ....

b. ....

c. ....

d. ....

e. ....

f. ....

g. ....

h. ....

Complétez les phrases avec les verbes proposés en utilisant le passé composé ou/et l'imparfait.

57

Exemple : Quand tu es rentré (rentrer) de vacances, ton appartement était (être) inondé.

a. Lorsqu'elle .... (téléphoner), nous .... (prendre) le dessert.

b. Quand tu l'......................... (voir) la première fois, il .... (porter) des lunettes noires.

c. À l'instant où ils .... (arriver) à Venise, ils .... (visiter) tous les sites possibles.

d. Quand on .... (se rencontrer), la dernière fois, vous m'......................... (inviter) à déjeuner.

e. Dès que leurs parents .... (franchir) la porte, leurs enfants .... (courir) vers eux.

f. Lorsque j'......................... (croiser) Robert, il y a deux jours, il .... (chercher) du travail.

g. Quand il m'......................... (dire) ça, j'......................... (être) vraiment surpris.

h. Au moment où il .... (perdre) le contrôle du véhicule, tout le monde .... (dormir) à l'arrière.

Imparfait ou passé composé ? Mettez les phrases suivantes au passé.

58

Exemple : Ce matin, je mange trois tartines et je prends un grand bol de chocolat car j'ai vraiment faim.
→ Hier matin, j'ai mangé trois tartines et j'ai pris un grand bol de chocolat car j'avais vraiment faim.

a. L'été, j'aime bien me promener au bord de la mer quand il y a un rayon de soleil.

→ L'été dernier, ...

....

b. Aujourd'hui, j'ai quinze ans. C'est mon anniversaire. Mes amis me préparent une petite surprise.

→ Il y a deux jours, ...

....

c. Aujourd'hui, il fait très chaud et Marie m'invite à la piscine. Elle passe me chercher à seize heures.

→ Hier, ...

....

d. Ce matin, nous voulons aller à la patinoire. Nous téléphonons à tous les copains mais Thomas ne répond pas ; il est malade.

→ Hier matin, ...

....

e. Mes voisins partent en vacances aujourd'hui. Ils emmènent toute la famille et leur chien. Il est très content car il aboie tout le temps.

→ Hier, ...

....

f. Chaque hiver, j'adore marcher quand je suis à la montagne. Cela fait un bruit étrange dès que mes pieds s'enfoncent dans la neige épaisse.

→ L'hiver, ...

....

g. Cette année, Thomas et moi, nous nous inscrivons dans un club de rugby. Il y a déjà Luc et Éric qui sont dans l'équipe. On rigole bien ensemble !

→ L'année dernière, ...

....

h. Aujourd'hui, nous étudions les adjectifs qualificatifs. Il s'agit de comprendre comment nous pouvons les placer dans la phrase en français.

→ Hier, ...

....

Répondez aux questions comme dans l'exemple en choisissant l'imparfait ou le passé composé.

59

Exemple : Pourquoi n'es-tu pas venu en cours hier ?
Être malade. → Parce que j'étais malade.
Rater le bus. → Parce que j'ai raté le bus.

a. Pourquoi n'avez-vous pas téléphoné hier soir ?

Avoir une panne de courant. → ....

Avoir des amis à la maison. → ....

b. Pourquoi Marie n'est pas restée plus tard, hier ?

Vouloir se coucher tôt. → ....

Ne pas aimer ta remarque. → ....

c. Pourquoi n'ont-ils pas gagné le match, hier ?

Être mauvais. → ....

Pleuvoir tout le temps. → ....

d. Pourquoi n'a-t-il pas pu dormir cette nuit ?

Faire un cauchemar. → ....

Avoir une insomnie. → ....

e. Pourquoi n'as-tu pas voulu acheter cette voiture ?

Ne plus avoir assez d'argent. → ....

Changer d'avis. → ....

f. Pourquoi avez-vous manqué votre train ?

Partir trop tard de la maison. → ....

Y avoir une grève. → ....

g. Pourquoi tes amis anglais n'ont pas trouvé ton adresse ?

Ne pas savoir parler français. → ....

Ne pas oser demander à un passant. → ....

h. Pourquoi a-t-elle ri quand elle t'a croisé ?

Voir mon beau chapeau. → ....

Me connaître déjà. → ....

Mettez ce texte au passé.

60

Je suis dans ma chambre. Il est minuit environ. Je vais me coucher quand, tout à coup, j'entends un bruit bizarre qui vient du dehors. Je regarde par la fenêtre ; je n'y vois rien, il fait trop sombre. Alors, je m'allonge sur mon lit. Le bruit recommence. J'ouvre la fenêtre et, soudain, mon chat bondit dans ma chambre. Quelle peur ! Je suis vraiment surpris ! Je referme la fenêtre et je m'endors.

J'étais dans ma chambre...

....

....

....

....

....

....

....

Après avoir transformé les verbes proposés à l'imparfait ou au passé composé, notez ces phrases de 1 à 8, pour remettre ce récit dans l'ordre.

61

a. Quand la demoiselle .... (reprendre) ses esprits, elle ....
(croire) que le jeune .... (vouloir) lui prendre son sac et elle ....
(le frapper).

b. Un jeune garçon a vécu (vivre) une histoire incroyable.

c. Avec cette chaleur, les rues .... (être) désertes et il ....
(se précipiter évidemment) vers elle pour l'aider.

d. Lui, il .... (ne rien comprendre) et il se rappelle seulement que la fille
.... (être) très jolie.

e. Il .... (la croiser) des années plus tard, devant le même restaurant, mais
elle .... (ne pas le reconnaître).

f. C' .... (être) la semaine dernière, en fin d'après-midi, alors qu'il ....
(faire) très chaud et qu'il .... (sortir) d'un restaurant où il .... (venir)
de prendre un bon repas quand il .... (voir) une charmante jeune fille s'évanouir
devant lui.

g. Ensuite, elle .... (se lever) et elle .... (s'enfuir) très vite.

h. Il .... (la relever) et .... (la conduire) à l'ombre où il
lui .... (proposer) un peu d'eau.

a	b	c	d	e	f	g	h
	1						

E. Le plus-que-parfait

Soulignez les verbes au plus-que-parfait.

62

Exemple : Elle était enchantée de voir ce spectacle.
Elle <u>avait trouvé</u> la solution.

a. Nous étions toujours contents de sortir ensemble.

b. Vous aviez souvent attendu ma réponse.

c. Tu avais déjeuné avant les autres.

d. Ils étaient satisfaits du résultat.

e. Il n'avait jamais su répondre simplement.

f. J'avais compris ce qui c'était passé.

g. Vous aviez eu tort ce jour-là.

h. Elles étaient surprises par son attitude.

Mettez les verbes proposés au plus-que-parfait.

63

Exemple : Lorsque elle a pris son petit déjeuner, le soleil était levé depuis longtemps. (lever)

a. Quand je suis monté chez toi, tous les invités .... danser ailleurs. (partir)

b. Quand nous avons vu l'accident, les premiers secours .... sur place depuis peu. (arriver)

c. Quand vous êtes entrés dans la salle, le spectacle .... depuis cinq minutes. (commencer)

d. Quand ils se sont retrouvés, cela faisait quinze ans qu'ils .... (ne pas se revoir)

e. Lorsque tu as téléphoné hier, je .... de manger. (ne pas finir)

f. Quand elle a fait ce long voyage, elle .... l'avion. (déjà prendre)

g. Le week-end de ski qu'ils ont fait, ils l' .... depuis trois mois. (programmer)

h. Lorsque le malfrat a voulu fuir, la police .... tout le quartier. (bloquer)

Complétez les phrases et reliez les éléments des deux colonnes.

64

a. Nous sommes allés voir un film

b. Au moment de payer, il s'est aperçu

c. Cette maison lui rappelait de bons souvenirs ;

d. Devant cette splendeur, il se rendait compte

e. Éric m'a demandé

f. Un étudiant a reçu un prix

g. Ça faisait au moins deux ans

h. À la reprise du travail, les salariés étaient contents

1. qu'il .... d'aussi beau. (ne rien contempler)

2. elle y .... toutes ses vacances. (passer)

3. que j' .... (déjà voir)

4. si Marie .... l'exercice. (comprendre)

5. car la grève avait duré 3 semaines. (durer)

6. qu'il .... son portefeuille. (perdre)

7. qu'on .... un tel feu d'artifice. (ne pas admirer)

8. parce qu'il .... (bien travailler)

Mettez les verbes proposés au plus-que-parfait.

65

Exemple : J'ai dit à Émilie que, petit, j'étais tombé de cheval. (tomber)

a. Il y avait au moins dix ans qu'ils .... de lettres. (ne pas s'écrire)

b. En rendant son devoir de chimie, Éric était sûr qu'il .... (ne pas se tromper)

c. Dans l'avion, l'hôtesse nous a dit que nous .... à la bonne place. (ne pas s'asseoir)

d. Je me souviens que, dans le bus, Lucie .... sur mon épaule. (s'endormir)

e. Dans la classe, nous avons tous dit où nous .... en vacances. (partir)

f. Est-ce que vous l'avez informé que ses amis .... le voir ? (venir)

g. En voulant visiter la ville, je me suis rendu compte que je .... (se perdre)

h. Les parents de Léa lui ont demandé où elle .... danser samedi soir. (aller)

66 **Répondez aux questions comme dans l'exemple.**

Exemple : Pourquoi vous ne vous êtes pas réveillé plus tôt ? → (oublier de remonter mon réveil)
→ J'avais oublié de remonter mon réveil.

a. Pourquoi vous n'êtes pas venu à notre rendez-vous ? → (prendre un autre engagement)

→ ....

b. Pourquoi vous n'avez pas téléphoné ? → (perdre votre numéro)

→ ....

c. Pourquoi vous avez perdu mon numéro ? → (mal le ranger)

→ ....

d. Où l'aviez-vous noté ? → (l'écrire dans un répertoire)

→ ....

e. Où aviez-vous mis ce carnet ? → (le mettre dans un tiroir)

→ ....

f. Vous ne l'avez pas laissé dans la poche de votre veste ? → (le sortir)

→ ....

g. Alors, vous l'aviez pris avant ? → (s'en servir)

→ ....

h. Pourquoi faire ? → (décider de prévenir)

→ ....

67 Complétez les phrases suivantes en utilisant le passé composé ou le plus-que-parfait.

Exemple : La voisine m'a affirmé (affirmer) qu'elle n'avait pas aperçu (ne pas apercevoir) mon chat.

a. J'........................ (retrouver) le livre que j'........................ (égarer).

b. Les pompiers .... (sauver) le chat qui .... (monter) dans l'arbre.

c. Elle .... (adorer) le disque que tu lui .... (prêter).

d. J'........................ (voir) le film que nous .... (louer) ensemble.

e. Nous .... (retourner) dans le village où nous .... (grandir).

f. Tu .... (revoir) cette fille dont tu .... (être) amoureux.

g. Il .... (reconnaître) qu'il .... (avoir) tort.

h. Nous .... (apprendre) qu'elle .... (se marier) la semaine dernière.

68 Voici le début d'un récit. Écrivez la suite en mettant les phrases de cette petite histoire dans le bon ordre.

a. ...quelqu'un lui avait pris son sac à main. Alors, elle est...

b. ...le point de rentrer chez elle quand elle s'est aperçue que...

c. ...Un garçon qui avait trouvé...

d. ...retournée au cinéma où...

e. ...le sac lui a téléphoné et...

f. ...le lui a donné. L'histoire s'est bien terminée...

g. ...elle l'avait peut-être perdu.

h. ...et la jeune fille a pu repartir chez elle.

Une jeune fille était sur le point de rentrer chez elle quand elle s'est aperçue que........................

....
....
....
....
....
....
....

69 Avec les éléments suivants, faites des phrases au passé comme dans l'exemple.

Exemple : (François/réparer sa moto/se procurer les pièces nécessaires)
→ François a réparé sa moto, mais avant il s'était procuré les pièces nécessaires.

a. (Luc/sortir le chien/se couvrir chaudement)
→ ....

b. (mon oncle/allumer du feu dans la cheminée/couper beaucoup de bois)
→ ....

c. (les élèves/trouver la solution/réfléchir longuement)
→ ....

d. (Thomas/faire des courses au supermarché/passer à la pharmacie)
→ ....

e. (nous/s'endormir très vite/bien manger)
→ ....

f. (Léa/bien descendre la piste noire/tomber plusieurs fois)
→ ....

g. (je/enfin pouvoir acheter mon disque/le chercher pendant des mois)
→ ....

h. (Paul et Anne/visiter l'Espagne en bus/bien étudier leur itinéraire)
→ ....

70 Mettez les verbes entre parenthèses au passé.

Éric téléphone à Marie

Exemple : Éric : Allô Marie, je ne te dérange pas ? Tu as fini (finir) ton dîner ?

a. MARIE : Salut Éric. Oui, j'......................... de dîner (finir). Justement, je ....
(vouloir) t'appeler.

b. ÉRIC : Eh bien, j'........................... (y penser) avant toi ! Dis-moi, je suis en train de faire
l'exercice pour demain mais je .... (ne pas bien noter) le texte du problème...

c. MARIE : Et tu .... (vouloir) savoir si j'........................... (faire) l'exercice.

d. ÉRIC : Oui. J' .... (commencer) à le faire mais je ....
(s'apercevoir) que j' .... (mal écrire) certains chiffres alors...

e. MARIE : Tu .... (ne pas pouvoir le continuer).

f. ÉRIC : C'est ça. Tous mes calculs .... (être) justes et quand j' ....
(vouloir) faire la dernière partie...

g. MARIE : ...Il te .... (manquer) le plus important ! Je t'........................... (dire)
de ne pas t'asseoir trop loin du tableau. Ou peut-être que tu .... (ne pas mettre)
tes lunettes !

h. ÉRIC : Si, je .... (les avoir) mais j' .... (un peu discuter)
avec mon voisin.

Dans cette première partie du récit, mettez tous les verbes entre parenthèses au passé (passé composé, imparfait, plus-que-parfait).

71

Souvenir d'une petite aventure pendant un stage de ski.

Ce jour-là, il avait neigé à gros flocons. Le soir **(1)** .... (approcher) et nous **(2)** .... (ne plus avoir) assez d'eau pour préparer le repas. La canalisation d'eau **(3)** .... (geler) ! Alors, l'animateur **(4)** .... (demander) s'il y **(5)** .... (avoir) quatre volontaires pour l'accompagner ; il **(6)** .... (vouloir) sortir et **(7)** .... (aller) chercher quatre bidons de 20 litres d'eau ! C'**(8)** .... (être) simplement la quantité qu'il nous **(9)** .... (falloir) quand nous **(10)** .... (devoir) faire le repas et faire la vaisselle, après manger. Il nous **(11)** .... (falloir) également de l'eau pour le petit déjeuner du lendemain.

J' **(12)** .... (accepter) de faire partie des quatre volontaires. Nous **(13)** .... (être) tous très excités à l'idée de sortir en pleine nuit chercher de l'eau, avec nos skis ! Bien sûr, avant de quitter le chalet, l'animateur nous **(14)** .... (demander) de nous habiller chaudement. Et nous **(15)** .... (sortir) !

Voici la deuxième partie du récit. Mettez les verbes entre parenthèses au passé.

72

Dehors, la nuit **(1)** .... (tomber) depuis peu. Il **(2)** .... (neiger) plus fort encore mais le clair de lune **(3)** .... (illuminer) parfaitement la route. La source, où nous **(4)** .... (devoir) prendre l'eau, **(5)** .... (être située) à 5 km du chalet. À cette heure tardive, les voitures **(6)** .... (ne plus monter) vers la station de ski et nous **(7)** .... (pouvoir) marcher sans crainte sur cette route sinueuse. Après une heure d'ascension, nous **(8)** .... (trouver) la source et **(9)** .... (pouvoir) remplir nos bidons d'eau. Nous **(10)** .... (être sur le point de) repartir lorsque nous **(11)** .... (se demander) comment nous **(12)** .... (aller) redescendre avec cette charge. C'**(13)** .... (être) vraiment lourd ! Bien sûr, nous **(14)** .... (ne pas emporter) de corde ou de luge ! Alors, pour transporter toute cette eau, nous **(15)** ....

(utiliser) des morceaux de bois que nous **(16)** .... (couper) dans la forêt.

Nous **(17)** .... (placer) ces bouts de bois dans les poignées des bidons ainsi, chaque personne **(18)** .... (pouvoir) en prendre l'extrémité. Nous **(19)** .... (redescendre) en skiant avec une grande prudence. Quand nous **(20)** .... (arriver) au chalet, nous **(21)** .... (avoir) l'impression d'avoir accompli un exploit et nous **(22)** .... (être) heureux d'avoir rendu service au groupe.

V Les temps du futur

Le futur proche	**Le futur simple**
Aller (au présent) + infinitif	Terminaisons du futur simple :
Je vais manger	Je mangerai
Tu vas manger	Tu mangeras
Il/Elle/On va manger	Il/Elle/On mangera
Nous allons manger	Nous mangerons
Vous allez manger	Vous mangerez
Ils/Elles vont manger	Ils/Elles mangeront

– Nous **allons manger** !

– Nous **mangerons** plus tard.

A. Le futur proche

Reliez les éléments des deux colonnes.

a. Si tu ne viens pas maintenant,

b. J'adore ta nouvelle robe !

c. J'attends encore cinq minutes

d. Attention à la fermeture automatique des portières,

e. Votre projet est intéressant,

f. Si tu n'as plus faim, laisse,

g. Il faut vous reposer,

h. Luc vient d'acheter des places de concert,

1. et je vais le rappeler.

2. ton frère va finir ton dessert.

3. le train va partir.

4. nous allons y aller ensemble.

5. nous allons examiner votre demande.

6. tu vas manquer le début.

7. Tu vas me la prêter ?

8. vous n'allez pas conduire toute la nuit.

Complétez librement les réponses en utilisant le futur proche.

74

Exemple : Il a commencé à travailler ? → Non, il va commencer à le faire.

a. Tu repars à Paris ce soir ?

→ ....

b. Vous avez lu ce roman ?

→ ....

c. Est-ce qu'elle a pris son café ?

→ ....

d. Elles étudient le français ?

→ ....

e. Vous pensez qu'il a fini sa maison ?

→ ....

f. Elle voit sa mère régulièrement ?

→ ....

g. Vous invitez vos amis ce soir ?

→ ....

h. Tu m'attends ici, dans le salon ?

→ ....

Transformez le verbe souligné au futur proche.

75

Exemple : L'éclipse de lune commence dans deux minutes.
→ L'éclipse va commencer dans deux minutes.

a. Ne sortons pas, il fait nuit.

→ ....

b. Dehors, il y a beaucoup de vent.

→ ....

c. Dans le nord-est, il pleut à verse.

→ ....

d. Restez-là, il neige fort !

→ ....

e. Allume tes feux, il fait sombre !

→ ....

f. Génial ! La journée <u>est</u> ensoleillée !

→ ....

g. Tiens, on dirait que les nuages <u>tombent</u> !

→ ....

h. Allons jouer dehors, le temps <u>s'éclaircit</u> !

→ ....

B. Le futur simple

Dans les phrases suivantes, soulignez les verbes au futur et écrivez leur infinitif.

76

Exemple : Elle <u>aura</u> vingt ans dans trois ans et elle <u>organisera</u> une fête. → avoir/organiser

a. À Paris, tu monteras en haut de la tour Eiffel par les escaliers et tu descendras par l'ascenseur.

→ .... / ....

b. À l'agence de voyage, ils achèteront des billets d'avion et ils iront en Italie.

→ .... / ....

c. Plus tard, je serai ingénieur et je travaillerai au Japon.

→ .... / ....

d. Ce soir, nous mangerons une crêpe au fromage et nous boirons un soda.

→ .... / ....

e. À l'université, vous étudierez le français et vous le parlerez.

→ .... / ....

f. Au bout de la rue, tu tourneras à droite et ensuite, tu prendras la première rue à gauche.

→ .... / ....

g. Demain, il se lèvera tôt et il appellera un taxi pour aller à la gare.

→ .... / ....

h. L'année prochaine, je partirai en Chine trois semaines et je reviendrai vous voir.

→ .... / ....

Écrivez les phrases suivantes au futur simple.

77

Exemple : Tu viens me voir après ?
→ Tu viendras me voir après ?

a. Cette semaine, il pleut sur la majeure partie de la France.

→ ....

b. Ce soir, le porte-parole du gouvernement s'exprime devant les caméras.

→ ....

c. Éric arrive dans la soirée et il faut aller le chercher à la gare.

→ ....

d. Dans nos valises nous mettons nos maillots de bain.

→ ....

e. Léa part dans quinze jours au Japon.

→ ....

f. Tu essayes de finir ce travail avant 10 heures.

→ ....

g. Vous allez voir le match ce soir ?

→ ....

h. Après la vaisselle, tu ranges ta chambre !

→ ....

(78) Complétez les phrases suivantes et reliez les deux colonnes.

a. Plus tard, quand je serai (être) plus grand, ———

b. Quand tu .... (sortir),

c. L'été prochain, elle .... (être) en congés,

d. Lorsqu'il .... (faire) meilleur,

e. Quand vous .... (avoir) votre belle voiture,

f. Quand tu .... (habiter) dans ta nouvelle maison,

g. Lorsque nous .... (être) fatigués,

h. Dès que vous .... (obtenir) votre permis de construire,

1. nous .... (pouvoir) sortir nous promener.

2. vous m'................ (emmener) faire un tour.

3. je .... (travailler) dans un pays étranger.

4. tu me .... (donner) ta nouvelle adresse.

5. vous................... (commencer) les travaux.

6. tu .... (acheter) du pain.

7. alors elle .... (voyager)

8. nous .... (aller) nous coucher.

79 **Chez Madame Irma, Éric écoute attentivement les prédictions. Complétez-les au futur simple.**

Exemple : gagner beaucoup d'argent → Tu gagneras beaucoup d'argent.

a. prendre de grandes décisions

→ ....

b. pouvoir créer une société

→ ....

c. revoir d'anciens copains

→ ....

d. voyager régulièrement

→ ....

e. répondre à une demande en mariage

→ ....

f. fonder une famille

→ ....

g. peindre des tableaux

→ ....

h. découvrir la gloire

→ ....

80 **Associez les éléments des deux colonnes pour en faire des phrases.**

a. Demain, tu   1. en apprécierez le contenu.
b. Après le repas, nous   2. invitera ses amies à dîner.
c. L'été prochain, vous   3. te laveras les dents.
d. Dans un quart d'heure, ils   4. quittera le quai dans deux minutes.
e. Samedi soir, elle   5. irons nous balader.
f. Attention, le train 6612   6. appelleras le docteur.
g. Après manger, tu   7. déménagerez dans le sud de la France.
h. Lisez ce livre, vous   8. annonceront tous les résultats.

Les temps du futur

Complétez les phrases suivantes au futur simple.

81

Exemple : Non. Je ne bougerai pas (ne pas bouger) d'ici !

a. Désolé Éric, je .... (ne pas pouvoir) venir ce soir.

b. Bientôt, les électeurs français .... (devoir) choisir un nouveau Président.

c. Le gouvernement annonce qu'il .... (ne pas y avoir) de baisse des impôts.

d. L'année prochaine, les étudiants .... (préparer) un voyage d'étude linguistique en Suède.

e. Tous les candidats à l'examen .... (inscrire) leurs noms et prénoms dans l'espace réservé.

f. Si on agit vite, cette maladie .... (ne plus se développer).

g. Un nouveau vélo ? – Je te .... (croire) quand je le .... (voir) !

h. Si les gens ne se mobilisent pas, beaucoup d'espèces animales .... (disparaître) d'ici quelques années !

Éric envoie à ses amis le programme du week-end qu'il organise. Faites des phrases au futur simple avec les éléments donnés.

82

Exemple : se donner rendez-vous à 17 heures
→ Nous nous donnerons rendez-vous à 17 heures.

a. prendre le bus

→ ....

b. arriver vers 18 heures

→ ....

c. traverser la forêt à pied

→ ....

d. couper du bois

→ ....

e. préparer le repas

→ ....

f. se balader dans les environs

→ ....

g. se baigner dans le lac

→ ....

h. revenir par le dernier train

→ ....

83 **Replacez les verbes suivants dans ce petit dialogue en les transformant au futur simple :**
venir, se réveiller, être, emporter, partir, faire, pouvoir, mettre, entrer.

Exemple : Thomas : – Alors Léa, ta valise ne sera pas trop lourde pour le départ ?

a. LÉA : Non. Je n'oublie pas que nous .... par le train pour Rome.

b. THOMAS : Oui, je .... te chercher vers 6 heures demain matin.

c. LÉA : J'espère que tu .... sans problème.

d. THOMAS : Je .... un deuxième réveil !

e. LÉA : Comme je suis contente de partir mais j'espère qu'il .... beau !

f. THOMAS : Par précaution, nous .... un parapluie.

g. LÉA : S'il pleut là-bas, nous .... dans un bar boire un thé.

h. THOMAS : Bon. À demain. Je suis très énervé. Je ne sais pas si je .... m'endormir ce soir.

Bilan

84 **Avant de partir au collège, Éric écoute l'horoscope du jour à la radio. Mettez les verbes proposés au futur simple.**

a. Gémeaux

TRAVAIL : Vous (1) .... à être le meilleur. On vous   chercher

(2) .... de grandes responsabilités.   confier

AMOUR : Vous (3) .... une personne vraiment gentille.   rencontrer

b. Balance

VOYAGE : Vous (4) .... un grand voyage dans un pays   faire

inconnu et vous y (5) .... des gens chaleureux.   découvrir

AMOUR : Dans une soirée, vous (6) .... avec une   danser

charmante personne et vous la (7) .... sympa.   trouver

c. Bélier

TRAVAIL : Vous (8) .... sur un grand projet et cela   foncer

vous (9) .... d'autres possibilités.   montrer

ARGENT : Vous ne (10) .... pas millionnaire mais   devenir

vous (11) .... de bonnes surprises.   avoir

d. Sagittaire

SANTÉ : Vous (12) .... votre timidité en une formidable   transformer

énergie et vous (13) .... enfin faire du sport.   oser

VOYAGE : Vous (14) .... des pays lointains et vous   traverser

(15) .... dans un endroit splendide.   s'installer

e. Verseau

TRAVAIL : Vous (16) .... des décisions importantes et   prendre

vous (17) .... de travail.   changer

AMOUR : Vous (18) .... encore heureux avec la personne   être

que vous avez choisie.

f. Cancer

VOYAGE : Vous avez aimé vos voyages précédents et vous

(19) .... à partir.   continuer

ARGENT : La chance vous (20) .... et vous   sourire

(21) .... enfin quelque chose.   obtenir

g. Capricorne

AMOUR : La vie à deux vous (22) .... d'immenses joies   apporter

et vous (23) .... de bonheur.   combler

ARGENT : Il (24) .... attendre une meilleure   falloir

opportunité ! Patience ; votre tour (25) .... !   venir

h. Poisson

AMOUR : Vous (26) .... dans la douceur absolue et   nager

vous (27) .... des jaloux !   faire

TRAVAIL : Vous (28) .... faire des efforts avec vos collègues   devoir

et vous (29) .... à mieux communiquer.   réussir

Les pronoms relatifs simples

Rappel

« QUI »

C'est le pronom relatif **sujet** du verbe qui suit.

– Je voudrais essayer la robe **qui** est en vitrine.

« QUE »

C'est le pronom relatif **complément d'objet direct** du verbe qui suit.

– Voici la robe **que** j'ai achetée hier.

« DONT »

C'est le pronom relatif qui remplace un complément introduit par la préposition « de ».

– Ce n'est pas la robe **dont** le prix te semblait inabordable ?

« OÙ »

C'est le pronom relatif **complément de lieu** ou **complément de temps**.

– Si, mais je l'ai achetée dans une boutique **où** elle coûtait deux fois moins cher.

Construisez des phrases en utilisant le pronom relatif qui comme dans l'exemple.

85

Exemple : Tu regardes un film. Ce film est vraiment drôle.
→ Tu regardes un film qui est vraiment drôle.

a. Pierre est un jeune homme. Il porte toujours des lunettes.

→ ....

b. J'habite dans une belle maison. Cette maison se trouve près de la Mairie.

→ ....

c. Marc discute avec une fille. Cette fille lui explique l'exercice pour demain.

→ ....

d. Elle travaille dans un restaurant. Ce restaurant est très réputé.

→ ....

e. Daniel est un étudiant anglais. Il parle très bien français.

→ ....

f. Demain, les élèves ont un examen. Cet examen les rend anxieux.

→ ....

g. Fred possède un chat. Il s'appelle Mozart.

→ ....

h. Michèle et sa mère préparent un gâteau. Ce gâteau sera certainement très bon.

→ ....

Reliez les éléments des deux colonnes.

86

a. Elle vit dans un immeuble
b. C'est nous
c. Ce soir, c'est toi
d. Annie est une fille
e. J'aperçois Lucien
f. Zut ! J'ai acheté des chaussures
g. Il téléphone souvent à sa copine
h. C'est bientôt vous

1. qui étudie en Belgique.
2. qui fais la vaisselle !
3. qui compte six étages.
4. qui sont trop grandes.
5. qui apporterons le dessert.
6. qui viendrez en France !
7. qui aime les sucettes.
8. qui arrive en vélo.

Remettez ces phrases dans l'ordre.

87

Exemple : un/une/est/qui/Le/mérite/./visite/Louvre/musée
→ Le Louvre est un musée qui mérite une visite.

a. dans/./Je/bien/l'/qui/connais/ce/travaille/restaurant/homme

→ ....

b. gare/C'/qui/nous/la/conduit/à/est/?/Pierre

→ ....

c. la/As/rouge/qui/tu/est/?/belle/vu/passée/voiture/-

→ ....

d. devront/Les/qui/sortir/un/étudiants/remplir/voudront/formulaire/.

→ ....

e. !/un/lui/plaisir/C'/cadeau/qui/fera/est

→ ....

f. Mont-Blanc/culmine/./qui/est/à/3808 m/d'/montagne/une/altitude/Le

→ ....

g. sont/Martin/habitent/en/nous/les/qui/face/./chez/de/Les/gens

→ ....

h. La/cherche/qui/noir/voisine/chat/est/./un

→ ....

Faites deux phrases comme dans les exemples.

88

Exemples : Luc a gagné un concours qui était assez difficile.
→ Luc a gagné un concours. Il était assez difficile

Thomas, qui a réussi son examen, va organiser une fête ce soir.
→ Thomas a réussi son examen. Il va organiser une fête ce soir.

a. Les étudiants qui n'ont pas fini leur travail devront le terminer pour demain.

→ ....

b. Léa, qui apprécie la lecture, adore les films réalisés à partir d'œuvres littéraires.

→ ....

c. Nous allons étudier une leçon de grammaire qui n'est pas difficile.

→ ....

d. Certains voyageurs qui n'avaient pas de places ont dû voyager debout.

→ ....

e. Léo a trouvé le porte-monnaie d'une dame qui l'avait perdu dans la rue.

→ ....

f. Éric, qui a trop mangé hier, n'est pas venu en cours ce matin.

→ ....

g. Je cherche une personne qui peut m'indiquer le chemin de la gare.

→ ....

h. Elle a vu une petite jupe qui n'est pas trop chère !

→ ....

89 **Reliez les 2 phrases impératives en utilisant le pronom relatif qui.**

Exemple : Prends le dossier ! Il est sur le bureau.
→ Prends le dossier qui est sur le bureau !

a. Donnez-moi les clés ! Elles sont sur la table.

→ ....

b. Reprenez tous les dossiers ! Ils étaient là.

→ ....

c. Attrape les bougies ! Elles se trouvent dans le tiroir.

→ ....

d. Range les chemises ! Elles sont posées sur les cintres.

→ ....

e. Lisez-moi les messages ! Ils seront publiés demain.

→ ....

f. Photographiez les stars ! Elles vont arriver d'un instant à l'autre.

→ ....

g. Triez les documents ! Ils sont arrivés hier par la poste.

→ ....

h. Apportez-leur les fruits ! Ils sont dans la corbeille sur l'étagère.

→ ....

Construisez des phrases comme dans l'exemple.

90

Exemple : décision/prendre difficilement/vous
→ C'est une décision que vous prenez difficilement ?

a. émission de télévision/regarder souvent/vous

→ ....

b. magasin de chaussures/aimer beaucoup/vous

→ ....

c. plat/préparer de temps en temps/tu

→ ....

d. idée/ne pas accepter/tu

→ ....

e. problème/ne pas comprendre/tu

→ ....

f. étudiante/bien connaître/vous

→ ....

g. dessert/apprécier énormément/tu

→ ....

h. travail/ne pas vraiment aimer faire/vous

→ ....

Reliez les éléments des deux colonnes.

91

a. Les chaussures
b. Le disque
c. Le film
d. Les étudiants
e. Le pantalon
f. Tous les exercices
g. Vous avez envoyé la lettre
h. Le gâteau

1. que tu portes est trop grand !
2. que vous m'aviez écrite.
3. que j'ai achetées sont trop petites !
4. qu'elle est en train de préparer doit être bon.
5. qu'on va voir commence à 20 heures.
6. que tu écoutes est génial !
7. qu'elle a faits sont justes.
8. que vous connaissez sont anglais.

Reliez les couples de phrases avec le pronom relatif que et faites l'accord si nécessaire.

92

Exemples : Ce sont des fenêtres. Je n'ai jamais ouvert ces fenêtres.
→ Ce sont des fenêtres que je n'ai jamais ouvertes.

C'est l'air d'une chanson. Il n'avait plus chanté cet air depuis longtemps.
→ C'est l'air d'une chanson qu'il n'avait plus chanté depuis longtemps.

a. C'est un article. Je n'ai jamais lu cet article.

→ ....

b. C'est une écharpe. Tu avais mis cette écharpe pour sortir la semaine dernière.

→ ....

c. Ce sont des lettres. Elles ont écrit ces lettres pour s'inscrire à l'université.

→ ....

d. Ce sont des livres. Il avait demandé ces livres à la bibliothécaire.

→ ....

e. C'est une situation délicate. Les responsables n'ont pas bien compris cette situation.

→ ....

f. C'est une surprise. Thomas n'a pas vraiment aimé cette surprise.

→ ....

g. C'est un dossier. Luc n'a jamais voulu remplir ce dossier.

→ ....

h. C'est une anecdote. Tu n'avais pas encore raconté cette anecdote.

→ ....

Remettez les mots dans l'ordre pour reconstituer ces phrases.

93

Exemple : te/as/rends/vidéo/Je/que/hier/cassette/./la/m'/prêtée/tu
→ Je te rends la cassette vidéo que tu m'as prêtée hier.

a. faut/la/t'/utiliser/Luc/./donnée/Il/méthode/que/a

→ ....

b. devez/./les/empruntés/Vous/rapporter/avez/l'/livres/école/à/vous/que

→ ....

c. l'/ai/album/écouter/Tu/?/ acheté/j'/veux/que

→ ....

d. a/je/vendu/bibelots/voulais/Elle/les/garder/que/.

→ ....

e. tout/l'/Il/on/lui/dépense/donne/qu'/./argent

→ ....

f. ai/que/m'/J'/envoyées/toutes/tu/avais/conservé/les/./cartes

→ ....

g. tu/a/Elle/n'/l'/./enregistré/voulais/que/pas/émission

→ ....

h. écrite/adresse/l'/J'/as/oublié/./ai/tu/que/m'

→ ....

C. Qui/Que

Complétez les phrases suivantes avec qui ou que.

94

Exemple : Acheter du pain est un geste que les Français font chaque jour.

a. Une éponge est un objet .... sert à faire la vaisselle.

b. Un tableau est un objet .... l'on trouve dans une classe ou dans un musée.

c. Un baladeur est un appareil .... permet d'écouter de la musique.

d. Bénabar est un chanteur français .... a un grand succès.

e. *Paroles de Prévert* est un recueil de poésies .... j'adore relire parfois.

f. Jean Reno est un grand acteur .... tous les Français connaissent et aiment.

g. *La Joconde* est une œuvre d'art .... se trouve au musée du Louvre.

h. Le téléphone portable est un outil de communication .... pratiquement chaque personne possède.

Complétez le dialogue suivant avec qui ou que.

95

Exemple : LÉA : Alors, Éric, tu es content des cadeaux que tu as reçus.

a. ÉRIC : Oui, et j'ai lu le livre .... tu m'avais offert.

b. LÉA : Oui, c'est Luc .... m'a conseillé de te l'offrir.

c. ÉRIC : Ah ! Luc est un garçon .... a beaucoup de goût. C'est un roman .... j'ai beaucoup aimé lire.

d. LÉA : C'est un bon bouquin ! On y trouve des personnages .... sont vraiment originaux et, d'ailleurs, c'est un livre .... la critique a aussi apprécié en général.

e. ÉRIC : Et c'est un auteur .... est connu ?

f. LÉA : Oui, c'est quelqu'un .... a déjà écrit deux autres romans.

g. ÉRIC : Voilà encore deux livres .... je dois me procurer.

h. LÉA : C'est peut-être un bon copain .... te l'offrira à un prochain anniversaire !

96 Reliez les éléments suivants (plusieurs possibilités).

a. J'adore la robe...

b. Lucie connaît le garçon...

c. Paul aime aussi la chanson...

d. Voici le livre...

e. Nous avons trouvé la clé...

f. Robert, c'est le garçon...

g. Éric et Marie sont allés voir un film...

h. J'ai trouvé la recette...

A. tu cherchais.

B. est entré dans la classe.

C. ils avaient déjà vu.

D. nous avions perdue.

E. elle veut.

F. tu portes.

G. passe à la radio.

H. a pris ton vélo.

1. qui

2. que

3. qu'

97 Reliez les couples de phrases avec que ou qui.

Exemple : Lucie nous fait un gâteau. Nous l'adorons.
→ Lucie nous fait un gâteau que nous adorons.

a. Tu m'as donné un disque. Je l'ai déjà.

→ ....

b. Vous indiquez le chemin à des gens. Ils ne comprennent rien.

→ ....

c. Elle a mis un pull. Il est déchiré.

→ ....

d. Éric discute avec de nouveaux étudiants. Ils viennent d'arriver en France.

→ ....

e. Au retour, nous prendrons le même chemin. Nous avons pris ce chemin pour venir.

→ ....

f. Fred habite une vieille maison. Vous connaissez bien Fred.

→ ....

g. Le prof nous donne des exercices. Ils sont assez difficiles.

→ ....

h. Éric et ses camarades préparent un spectacle. Les parents viendront aussi le voir.

→ ....

Cochez la bonne proposition.

98

Exemple : Luc accepte mal les reproches ..... on lui fait.

  1. ☐ qui   **2.** ☑ qu'   **3.** ☐ que

a. Lucie adore les artistes ..... ont du talent.

  1. ☐ qui   **2.** ☐ qu'   **3.** ☐ que

b. On a les amis ..... l'on mérite !

  1. ☐ qui   **2.** ☐ qu'   **3.** ☐ que

c. Tu te souviens de cette panne de voiture ..... nous a coûté si cher !

  1. ☐ qui   **2.** ☐ qu'   **3.** ☐ que

d. J'espère que je connais les gens ..... tu as invités ce soir !

  1. ☐ qui   **2.** ☐ qu'   **3.** ☐ que

e. Luc a enfin reçu les photos ..... on a prises aux dernières vacances.

  1. ☐ qui   **2.** ☐ qu'   **3.** ☐ que

f. J'aimerais bien finir le travail ..... j'ai à faire pour demain.

  1. ☐ qui   **2.** ☐ qu'   **3.** ☐ que

g. Léa m'a rendu les bouquins ..... elle avait finis.

  1. ☐ qui   **2.** ☐ qu'   **3.** ☐ que

h. J'ai mangé la part de gâteau ..... restait !

  1. ☐ qui   **2.** ☐ qu'   **3.** ☐ que

D. *Où*

Reliez les phrases suivantes avec le pronom relatif où.

99

Exemple : J'ai enfin revu la ville. Tu es né dans cette ville.
→ J'ai enfin revu la ville où tu es né.

a. Je connais une belle forêt. On peut se promener dans cette forêt.

→ ....

b. C'est le restaurant. Nous avons très bien mangé dans ce restaurant.

→ ....

c. Regarde, c'est le village ! Mes amis et moi avons passé des vacances dans ce village.

→ ....

Les pronoms relatifs simples

d. 1999 est l'année. Il a fait très froid cette année-là !

→ ....

e. Je vous donne une adresse. Vous pouvez venir me voir à cette adresse quand vous voulez.

→ ....

f. C'est une librairie. On trouve d'excellents livres dans cette librairie.

→ ....

g. C'est l'endroit. Nous nous sommes rencontrés dans cet endroit.

→ ....

h. Voici le cinéma. J'y ai vu le dernier film de Luc Besson.

→ ....

Associez les éléments suivants.
100

a. Je ne me souviens pas
b. C'est l'école
c. Voici la bibliothèque
d. Vous avez aimé le restaurant
e. L'appartement
f. L'arrêt
g. Un jour
h. Le bureau

1. où nous avons dîné.
2. où tu habitais est loué maintenant.
3. où je suis descendu était le terminus.
4. où j'ai mis mes clés.
5. où tu as étudié.
6. où elle travaille se trouve au centre-ville
7. où je m'ennuyais, je suis allé au musée.
8. où j'ai emprunté ce livre.

Faites deux phrases simples à partir de la phrase complexe donnée.
101

Exemple : Le parc où nous déjeunons le midi est très fréquenté.
→ Le parc est très fréquenté. Nous y déjeunons le midi.

a. Le magasin où vous êtes allés hier est fermé.

→ ....

b. Le pays où nous sommes partis l'été dernier c'est le Kenya.

→ ....

c. La ville où Éric est né s'appelle Bordeaux.

→ ....

d. La fête où vous avez dansé était chouette ?

→ ....

e. Le bâtiment où nous avons rendez-vous est de l'autre côté de la ville.

→ ....

f. L'adresse où nous nous rendons est un cybercafé.

→ ....

g. Le journal où tu peux lire de bons articles, c'est *Le Monde*.

→ ....

h. Le château où elle a pris ces photos se trouve près de Blois.

→ ....

102 **Remettez les mots dans l'ordre pour reconstituer les phrases.**

Exemple : nous/dans/où/L'/y/il/allons/a/été/personne/./n'/un/endroit,
→ L'été, nous allons dans un endroit où il n'y a personne.

a. où/Le/vu/pièce/en/est/théâtre/avons/la/nous/./rénovation

→ ....

b. rien/magasin/le/y/où/suis/Il/./je/n'/avait/allé/plus/dans

→ ....

c. parking/nous/hier/aujourd'hui/où/est/étions/complet/Le/.

→ ....

d. éclairé/./je/pas/où/bureau/bien/Le/n'/est/travaille

→ ....

e. ./où/vécu/La/détruite/ai/maison/j'/été/a

→ ....

f. restaurant/a/réputation/où/Le/une/./allons/bonne/nous

→ ....

g. l'/-/tu/Montre/endroit/moi/./vis/où !

→ ....

h. existe/d'/où/beaucoup/pays/rêve/de/aller/Il/./je

→ ....

103 Complétez les phrases suivantes avec où, d'où, par où, là où, partout où.

Exemple : Il a nettoyé partout où c'était sale !

a. Vous irez encore .... vous étiez l'année dernière ?

b. Luc et Thomas sont repartis .... ils étaient venus.

c. Le musée .... nous revenons est vraiment intéressant.

d. Ce groupe de rock a eu du succès .... il est passé.

e. Éric n'a pas vu .... son chien s'est échappé.

f. Nous cherchons un hôtel .... passer la nuit.

g. Je ne comprends pas .... provient ce bruit bizarre !

h. Tes clés ! Elles sont .... tu les a laissées !

E. Dont

104 Reliez les éléments des deux colonnes.

a. L'araignée est un insecte
b. C'est ce pull vert
c. Allez acheter les médicaments
d. Voici les étudiants
e. La mode est un sujet
f. Qui est ce garçon
g. Voici le livre
h. Attention, c'est l'homme

1. dont le professeur est fier.
2. dont nous aimons discuter.
3. dont j'ai peur.
4. dont il faut se méfier.
5. dont il vient d'écrire le dernier chapitre.
6. dont elle a envie.
7. dont vous avez besoin.
8. dont vous parlez si bien ?

105 Transformez les phrases comme dans l'exemple en utilisant le pronom relatif dont.

Exemple : Ils n'écoutent pas la suite de l'histoire.
→ C'est une histoire dont ils n'écoutent pas la suite.

a. Nous apprécions la franchise de cet étudiant.

→ ....

b. Il n'est pas certain de ce résultat.

→ ....

c. Les touristes sont victimes de ces nombreux vols.

→ ....

d. Elle a très vite parcouru les pages de ce livre.

→ ....

e. Ils n'ont pas aimé la fin de ce film.

→ ....

f. Nous n'allons pas oublier le prix de ce repas.

→ ....

g. Les policiers ont du mal à croire l'histoire de ce témoin.

→ ....

h. J'adore le goût de ce gâteau.

→ ....

106 **Transformez les phrases comme dans l'exemple en utilisant le pronom relatif dont.**

Exemple : Je t'ai déjà parlé de ce projet.
→ C'est un projet dont je t'ai déjà parlé.

a. Il s'occupe de cette association caritative.

→ ....

b. Vous vous moquez de cette décision ?

→ ....

c. Il s'est bien sorti de cette mauvaise situation.

→ ....

d. Au dernier test, Paul s'est satisfait de ces réponses.

→ ....

e. Nous ne nous servons plus de ce vieil ordinateur.

→ ....

f. Tous les voisins se plaignent de ce bruit incessant.

→ ....

g. Je me souviendrai longtemps de ce merveilleux week-end.

→ ....

h. Elle ne peut plus se passer de cette musique.

→ ....

Reformulez ces phrases comme dans l'exemple.

107

Exemple : C'est un auteur dont j'ai oublié le nom.
→ J'ai oublié le nom de cet auteur.

a. C'est une langue dont j'aimerais bien parler les rudiments.

→ ....

b. C'est un exercice dont je comprends l'objectif.

→ ....

c. C'est un travail dont nous ne voyons pas la fin.

→ ....

d. C'est la maison dont vous aviez dessiné les plans ?

→ ....

e. C'est un point de vue dont il réfute les arguments.

→ ....

f. C'est la voiture d'occasion dont tu m'avais indiqué le prix ?

→ ....

g. C'est un problème dont Luc a trouvé la solution.

→ ....

h. C'est une histoire dont elle n'accepte pas les conséquences.

→ ....

Remettez ces phrases dans l'ordre.

108

Exemple : mon/./le/Tibet/dont/ami/parti/au/Voici/est/frère
→ Voici mon ami dont le frère est parti au Tibet.

a. la/dont/le/./voisine/chat/perdu/C'/était/est

→ ....

b. véhicule/il/le/certaines/détachées/pièces/dont/me/Voici/./manque

→ ....

c. ./dont/dur/disque/il/le/l'/faut/ordinateur/changer/Voilà

→ ....

d. livre/ont/le/toutes/été/dont/arrachées/./les/Voici/pages

→ ....

e. un/Voilà/la/est/texte/!/difficile/lecture/dont

→ ....

f. prénom/j'/C'/le/personne/une/ignore/est/dont/.

→ ....

g. !/passionnant/Voilà/discussion/thème/est/dont/une/le

→ ....

h. est/un/C'/ne/excessif/pas/!/semble/projet/dont/coût/le

→ ....

F. Tous les pronoms relatifs

Cochez le pronom relatif qui convient.

109

Exemple : Ma voisine m'a rendu le balai .... je lui avais prêté.
    1. ☐ qui   **2.** ☑ que   **3.** ☐ dont

a. C'est un voyage .... je rêve de faire.
    1. ☐ qui   **2.** ☐ que   **3.** ☐ dont

b. Est-ce que c'est la jeune fille .... nous cherchons les clés ?
    1. ☐ qui   **2.** ☐ que   **3.** ☐ dont

c. Elle travaille dans une école .... accueille des étudiants étrangers.
    1. ☐ qui   **2.** ☐ que   **3.** ☐ dont

d. Voici un résultat .... vous pouvez être content.
    1. ☐ qui   **2.** ☐ que   **3.** ☐ dont

e. Ils ont accepté de faire un travail .... ne les intéressait pas.
    1. ☐ qui   **2.** ☐ que   **3.** ☐ dont

f. Mes amis m'ont parlé d'un film .... je suis allé voir aussitôt.
    1. ☐ qui   **2.** ☐ que   **3.** ☐ dont

g. Il y a des problèmes .... on doit discuter de suite.
    1. ☐ qui   **2.** ☐ que   **3.** ☐ dont

h. Le prof veut découvrir .... a lancé cet avion.
    1. ☐ qui   **2.** ☐ que   **3.** ☐ dont

Complétez les phrases suivantes avec les pronoms relatifs qui, que, dont, où.

110

Exemple : Je te prends le stylo qui est sur ton bureau !

a. Il n'est jamais allé à l'adresse .... tu lui avait indiquée !

b. Je te prête une bande dessinée .... tu apprécieras sûrement les dessins.

c. Viens, je t'emmène dans le magasin .... j'ai aperçu le blouson .... je t'ai parlé.

d. Le professeur nous donne des exercices .... sont assez faciles.

e. Le saut à l'élastique est l'expérience .... je redoute le plus !

f. Luc connaît tous les bons endroits .... on trouve des champignons.

g. On m'a donné un chat .... était abandonné mais .... m'a très vite adopté.

h. En général, je ne vais pas voir les films .... le scénario est trop léger.

Qui, que, dont, où. Reliez ces phrases par le pronom qui convient.

111

Exemple : Il a pris une décision. Je ne comprends pas cette décision.
→ Il a pris une décision que je ne comprends pas.

a. Mon ami Fred a inventé un jeu de société. Les règles de ce jeu sont assez simples.

→ ....

b. L'environnement, c'est un bon sujet de discussion. Il m'intéresse vraiment.

→ ....

c. Je n'étais pas à Bordeaux cette année. Il y a eu des vents violents cette année-là.

→ ....

d. L'avion a décollé en retard. J'ai pris cet avion.

→ ....

e. Luc est un ami. Je le connais depuis longtemps.

→ ....

f. Voici un livre. Léa te conseille la lecture de ce livre.

→ ....

g. Fais attention aux enfants. Ils jouent sur le bord de la route.

→ ....

h. Tu veux me montrer la maison. Tu vas bientôt habiter cette maison.

→ ....

Complétez les phrases interrogatives avec le pronom relatif qui convient et répondez librement à la question.

112

Exemple : Quel est le plat que vous préférez manger ?
→ Je préfère manger le couscous.

a. Quel est le film .... vous avez le plus aimé ?

→ ....

b. Quel est l'événement .... vous a le plus marqué ?

→ ....

c. Quel est le livre .... vous aimeriez parler maintenant ?

→ ....

d. Quels sont les pays .... vous voulez vous rendre prochainement ?

→ ....

e. Quels sont les futurs disques .... vous allez acheter ?

→ ....

f. Quelle est la chanteuse ou le chanteur .... vous êtes fou ?

→ ....

g. Rap, rock, pop... Quel est le type de musique .... vous plaît ?

→ ....

h. Quel est le concert .... vous vous êtes vraiment amusé ?

→ ....

Reliez les éléments suivants (plusieurs réponses possibles).

113

a. Où sont les dossiers
b. As-tu regardé l'émission
c. Connais-tu les personnes
d. Sais-tu où se trouve la clé
e. Il existe désormais un restaurant
f. Il y a une seule chose
g. J'ai enfin retrouvé l'outil
h. Ils ont changé le code

1. qui était rangée dans cette boîte.
2. qui m'inquiète vraiment !
3. où il est interdit de fumer.
4. que j'ai posés sur la table ?
5. dont tu avais oublié la combinaison.
6. que je cherchais.
7. dont tout le monde parle ?
8. qui lui ont demandé leur chemin ?

Les pronoms relatifs simples

Ce qui, ce que, ce qu', ce dont. Reliez les éléments des deux colonnes.

114

a. Paul désapprouve

b. Léa a toujours eu

c. Tout

d. Nous ne comprenons pas

e. L'argent, c'est tout

f. Relisez bien

g. Ici, vous trouverez tout

h. Elles regrettent

1. ce qui

2. ce que

3. ce qu'

4. ce dont

A. il se moque.

B. elle voulait.

C. vous cherchez.

D. vous avez dit.

E. elle a besoin, c'est de travailler !

F. elles ont fait.

G. s'est passé.

H. est inscrit sur vos notes.

Complétez les phrases suivantes à l'aide de ce qui, ce que, ce qu', ce dont.

115

Exemple : Je déteste ce que tu portes aujourd'hui ; c'est moche !

a. Regarde .... je viens de m'acheter !

b. Cet enfant est terrible ! Il fait .... lui plaît !

c. Les films d'horreur ! Non, je n'aime pas .... j'ai peur.

d. Éric, tu dois faire attention à .... dit le professeur.

e. Elle ne voit pas très bien .... est écrit sur le plan.

f. Quelqu'un peut me dire .... il s'agit ?

g. Luc, il ne faut pas toujours croire .... on te raconte !

h. Fais-moi plaisir. Dis-moi .... tu as envie !

H. Pronom relatif *qui* précédé d'une préposition

Complétez la phrase suivante à l'aide de à qui, avec qui, de qui, pour qui, sur qui, qui, sans qui, en qui.

116

Exemple : C'est un véritable ami.../ il me connaît bien.
→ qui me connaît bien

C'est un véritable ami...

a. je peux me confier à cet ami.

→ ....

b. je ferai tout pour cet ami.

→ ....

c. j'ai confiance en cet ami.

→ ....

d. je peux compter sur cet ami.

→ ....

e. je m'ennuie sans cet ami.

→ ....

f. je sors toujours avec cet ami.

→ ....

g. je parle toujours bien de cet ami.

→ ....

h. il dira exactement la même chose.

→ ....

Complétez les phrases suivantes à l'aide de à qui, avec qui, de qui, pour qui, sur qui, qui, sans qui, en qui.

(117)

Exemple : Nous avons rencontré des gens avec qui nous sommes restés amis.

a. Léa m'a présenté le professeur .... elle avait beaucoup d'admiration.

b. Quel idiot ! Luc ne se souvient plus du tout du prénom de la jeune fille .... il a discuté la semaine dernière.

c. Il existe peu de personnes .... je peux croire vraiment.

d. Thomas, c'est le seul garçon .... il est difficile de se moquer !

e. Si tu as un problème, Éric est le gars .... tu peux t'appuyer.

f. Mes amis sont des personnes .... je ne cache pratiquement rien.

g. Luc et Thomas sont deux copains .... mes journées seraient tristes !

h. En fait, Luc a une mémoire .... pose certains problèmes !

Les pronoms relatifs simples

118 Complétez avec les pronoms relatifs qui conviennent.

Marie nous parle de son ami Éric

« Éric, c'est quelqu'un...

1. .... j'apprécie beaucoup.
2. .... j'aime discuter.
3. .... fait .... lui plaît.
4. .... on ne peut pas se plaindre.
5. .... vous ramène tout .... il vous emprunte.
6. .... je peux compter quand j'ai un problème.
7. .... je confie mes petits secrets.
8. .... je crois depuis longtemps ».

119 Complétez avec les pronoms relatifs qui conviennent.

Éric nous parle de son amie Marie.

« Marie, c'est une personne...

1. .... j'adore.
2. .... j'apprécie les qualités humaines.
3. .... je peux parler des heures entières.
4. .... je ne pourrais rien faire.
5. .... je peux dire tout .... je veux.
6. .... je ferais n'importe quoi.
7. .... dit .... elle pense vraiment.
8. .... j'ai prêté mon disque de Ben Harper, ...
je suis fan ! »

VII
Les pronoms possessifs et les pronoms démonstratifs

Les pronoms possessifs

	Singulier		Pluriel	
	Masculin	**Féminin**	**Masculin**	**Féminin**
➤ à moi	le mien	la mienne	les miens	les miennes
➤ à toi	le tien	la tienne	les tiens	les tiennes
➤ à lui	le sien	la sienne	les siens	les siennes
➤ à elle	le sien	la sienne	les siens	les siennes
➤ à nous	le nôtre	la nôtre	les nôtres	les nôtres
➤ à vous	le vôtre	la vôtre	les vôtres	les vôtres
➤ à eux	le leur	la leur	les leurs	les leurs
➤ à elles	le leur	la leur	les leurs	les leurs

– Cette voiture est à vous ?
– Oui, c'est **la mienne**.

– Ce chien est à vous ?
– Oui, c'est **le mien**.

Les pronoms démonstratifs

Singulier		Pluriel	
Masculin	**Féminin**	**Masculin**	**Féminin**
Celui...	Celle...	Ceux...	Celles...
Celui-ci	Celle-ci	Ceux-ci	Celles-ci
Celui-là	Celle-là	Ceux-là	Celles-là

– Quel gâteau aimes-tu ?
– **Celui-ci**.

– Quelle poupée veux-tu ?
– **Celle-ci**.

Complétez les phrases suivantes comme dans l'exemple.

(120)

Exemple : – Mon frère étudie à Paris. – Le mien étudie à Rome.

a. – Tu as vu mes jolies chaussures ? – Oui, mais je préfère ....

b. – Cette veste est à Léa ? – Oui, c'est ....

c. Vous avez mon numéro de téléphone mais je n'ai pas ....

d. – Ces documents sont à Luc ? – Oui, ce sont ....

e. – Est-ce que ces ballons blancs sont à vos enfants ? – Non, ... sont bleus !

f. – Dis-moi, tu m'as pris mon stylo ! – Oui, j'écris mieux avec .... !

g. Vous avez retrouvé vos livres alors que nous avons perdu ....

h. Elle n'aime pas écouter les problèmes des autres, elle a bien assez avec ....

Complétez les phrases en imaginant ce que le pronom souligné remplace.

(121)

Exemple : Est-ce que je peux utiliser ton ordinateur, le mien est en panne.

a. As-tu trouvé ...., les miennes étaient au fond de mon sac.

b. Donnez-moi l'adresse de ...., le mien est en congés.

c. .... est bien éclairé, mais le nôtre est plus agréable.

d. .... semble vraiment intéressant, mais le mien aussi.

e. Si .... ne marche plus, je peux te prêter la mienne.

f. C'était super bien ...., le mien, c'est dans un mois.

g. .... sont très sympathiques, les siens le sont beaucoup moins !

h. .... sont assez réussies ; en revanche, les vôtres sont complètement ratées !

Reliez les éléments suivants.

(122)

a. Marie a les yeux bleus,   1. j'ai perdu le mien.

b. Votre travail est fini,   2. jamais avec les miens.

c. Ta mère adore un chanteur   3. les miennes sont vertes.

d. Elle discute avec ses amis,   4. les miens sont verts.

e. Il doit s'acheter un autre pull,   5. que la mienne déteste.

f. Tes chaussures sont roses,   6. mais ce n'est pas le sien.

g. Luc m'a prêté un disque   7. le mien ne l'est pas.

h. Tu as ton billet,   8. le sien est tout troué.

Remettez ces phrases dans l'ordre.

123

Exemple : te/mes/prends/et/Je/les/chaussures/tiennes/./laisse/je
→ Je te laisse mes chaussures et je prends les tiennes.

a. livres/mieux/les/Mes/tiens/nouveaux/sont/que/.

→ ....

b. beaucoup/grande/vôtre/Notre/./est/que/moins/la/maison

→ ....

c. chambre/plus/Ta/mienne/tienne/rangée/la/la/mieux/./petite/est/est/que/mais

→ ....

d. qui/La/est/la/est/devant/votre/nôtre/garée/./garage/voiture.

→ ....

e. leurs/jouent/Mes/les/./avec/jouets/tiens/leurs/enfants/avec/les/et.

→ ....

f. ./mélange/tiennes/photos/les/avec/On/mes.

→ ....

g. de/Noël/des/a/entouré/siens/./décidé/Il/passer.

→ ....

h. ont/que/était/./garçon/un/ce/tous/Ils/des/devenu/pensé/leurs.

→ ....

Cochez la bonne proposition.

124

Exemple : Nous partons pour l'Italie avec votre voiture car .... est trop petite.
    1. ☐ la mienne   2. ☑ la nôtre

a. J'ai offert un disque à mes parents. Et toi, qu'offres-tu .... ?
    1. ☐ aux siens   2. ☐ aux tiens

b. Léa a rendu son devoir de philo mais Luc n'a pas pu terminé ....
    1. ☐ le sien   2. ☐ le tien

c. Il demande à ma mère de lui recoudre sa veste parce que .... n'est pas là.
    1. ☐ la mienne   2. ☐ la sienne

d. Nos photos sont aussi réussies que ....
    1. ☐ les nôtres   2. ☐ les vôtres

Les pronoms possessifs et les pronoms démonstratifs

e. Les Durand ont récupéré leur enfant mais les Michaud n'ont pas récupéré ....

    1. ☐ le sien   **2.** ☐ le leur

f. Ta chambre est beaucoup mieux rangée que .... !

    1. ☐ la mienne   **2.** ☐ la tienne

g. Notre jardin n'a pas une piscine aussi grande que ....

    1. ☐ la leur   **2.** ☐ la nôtre

h. Elle me raconte beaucoup ses souvenirs d'enfance alors que j'évoque très peu ....

    1. ☐ les siens   **2.** ☐ les miens

B. Les pronoms démonstratifs

Réécrivez les phrases comme dans l'exemple : remplacez le mot souligné par celui, celle, ceux, celles.

125

Exemple : Tu vois ce vélo, c'est le vélo de mon frère.
→ Tu vois ce vélo, c'est celui de mon frère.

a. Ne prends pas ces disques ! Ce sont les disques de mon père !

→ ....

b. Je connais ce chien. C'est le chien du voisin.

→ ....

c. Laisse cette guitare ! C'est la guitare de mon cousin !

→ ....

d. J'ai retrouvé ces vieilles jupes. Ce sont les vieilles jupes de mes sœurs !

→ ....

e. Donne-moi ce livre ! Non, pas le livre de physique mais le livre de français !

→ ....

f. J'accepte tes excuses et les excuses de Pierre aussi.

→ ....

g. Elle a compris ton explication mais pas l'explication de Thomas.

→ ....

h. Nous habitons la maison de droite et non pas la maison de gauche !

→ ....

126 Complétez les phrases suivantes avec le pronom démonstratif qui convient.

Exemple : – Tu veux regarder l'émission sur les animaux sauvages ?
– Non, je préfère regarder celle qui parle des nouvelles technologies de production d'énergie.

a. J'ai perdu mon blouson en cuir ! C'est .... que j'avais quand je suis arrivé.

b. Les bons films d'aventure sont .... qui me plaisent le plus !

c. Pierre, c'est .... dont Luc nous a parlé hier en sortant du lycée.

d. Vous connaissiez tous .... qui étaient présents à la réunion de jeudi dernier.

e. Les témoins n'ont pas tous bien vu .... qui avait provoqué l'accident de ce matin.

f. Nous avons rencontré nos amis hier, ... dont tu apprécies l'humour.

g. Vos gâteaux ! J'adore surtout .... que vous faites avec du chocolat et des noisettes.

h. Encore des photos ! Montre-moi .... que tu as prises l'été dernier au Pérou !

127 Reliez les éléments des deux colonnes.

a. Ce sont vos clés ?　　　　　　　　　　　1. Non, je préfère celui-là.

b. Tu aimes ce disque ?　　　　　　　　　　2. Oui, ce sont celles-là.

c. Thomas est venu en voiture ?　　　　　　3. Oui, avec celle de son père.

d. Vous voulez voir quel film ?　　　　　　4. Celui qui a de la crème.

e. Ce professeur enseigne les percussions à　5. Celle-ci.

f. Pour finir, quel dessert je te commande ?　6. Celui-là.

g. Vous travaillez dans quel domaine ?　　　7. Dans celui de l'informatique.

h. Alors, Lucie ! Tu choisis quelle jupe ?　　8. ceux qui s'intéressent aux rythmes.

128 Cochez la ou les bonne(s) réponse(s).

Exemple : Mon chien joue souvent avec .... de ma voisine.
　　1. ☑ celui　　　　　　2. ☐ celle

a. .... qui aiment le chocolat, levez la main !
　　1. ☐ Celui　　　　　　2. ☐ Celles

b. Il adore discuter avec tous .... qui l'entourent.
　　1. ☐ ceux　　　　　　2. ☐ celui

c. Nous avons raté le train de 7 h 00 mais nous pouvons avoir .... de 7 h 24.
　　1. ☐ celui　　　　　　2. ☐ celle

d. Je n'ai pas du tout aimé .... qui parlaient trop fort !
　　1. ☐ celui　　　　　　2. ☐ celles

e. Donne-moi ……. que tu n'utilises pas !

      1. ☐ celui   **2.** ☐ celles

f. Parmi les vieux magazines que tu possèdes, peux-tu me laisser ……. du mois dernier ?

      1. ☐ ceux   **2.** ☐ celui

g. Il y a un problème avec la caméra ! ……. que vous m'avez louée est en panne !

      1. ☐ Celui   **2.** ☐ Celle

h. J'ai retrouvé la fille ! Tu sais ……. dont tu avais oublié le prénom !

      1. ☐ celui   **2.** ☐ celle

Remettez ces phrases dans l'ordre.

129

Exemple : ont/les/et/qu'/propositions/étudié/Les/ils/celles/clients/voulaient/gardé.
→ Les clients ont étudié les propositions et gardé celles qu'ils voulaient.

a. les/et/j'/fruits/ceux/étaient/ai/J'/trié/jeté/abîmés/ai/qui/.

→ ....

b. regardé/celle/toutes/a/Léa/qui/a/lui/./acheté/jupes/plaisait/les/et/elle

→ ....

c. son/l'/./celui/année/a/Luc/,/portait/il/blouson/dernière/retrouvé/qu'

→ ....

d. ./ont/à/qu'/messages/écrit/étudiants/ils/des/appréciaient/ceux/Les

→ ....

e. avons/des/pas/et/ceux/Nous/que/./voulions/nous/sélectionné/articles/jeté/ne

→ ....

f. n'/lu/dernier/tu/celle/ta/encore/./samedi/écrite/,/Il/pas/a/lettre/que/lui/as/.

→ ....

g. qui/aura/Celui/le/point/vite/un/répond/plus/.

→ ....

h. au/./as/sommes/parc/,/celui/tu/Nous/nous/arrivés/dont/parlé/.

→ ....

130 Complétez le dialogue suivant à l'aide de pronoms possessifs et de pronoms démonstratifs.

MARIE : Dis-moi, Éric, ce n'est pas ton vélo !

ÉRIC : Non, c'est **(1)** .... de ma sœur.

MARIE : Pourquoi tu n'as pas pris **(2)** .... ?

ÉRIC : Parce que **(3)** .... je l'ai prêté à mon frère. Il a cassé **(4)** .... !

MARIE : Tu ne pouvais pas aider ton frère à réparer **(5)** .... et garder **(6)** .... pour ne pas emprunter **(7)** .... de ta sœur ?

ÉRIC : Non. **(8)** .... de mon frère est trop petit, je préfère **(9)** ....

MARIE : Et si ta sœur a besoin **(10)** .... ?

ÉRIC : Alors, je lui rendrai et j'emprunterai les rollers de Thomas ou peut-être **(11)** .... , si tu veux bien. Je crois que j'ai perdu **(12)** .... !

MARIE : Comment faire notre randonnée en rollers samedi prochain si nous n'avons pas chacun **(13)** .... ! Mais au fait, je peux peut-être te prêter **(14)** .... que mon cousin a laissés dans mon garage. Tes pieds sont aussi grands que **(15)** .... !

Le mode conditionnel

Le conditionnel présent

Je prendrais
Tu prendrais
Il/Elle/On prendrait

Nous prendrions
Vous prendriez
Ils/Elles prendraient

Le conditionnel passé

J'aurais aimé
Tu aurais aimé
Il/Elle/On aurait aimé

Nous aurions aimé
Vous auriez aimé
Ils/Elles auraient aimé

A. Le conditionnel présent

131 Transformez les phrases suivantes en utilisant le conditionnel de politesse.

Exemple : Tu veux nous prendre en photo ?
→ Voudrais-tu nous prendre en photo, s'il te plaît ?

a. Tu peux me prêter 5 €.

→ ....

b. Vous pouvez me dire où se trouve l'Office du Tourisme ?

→ ....

c. Est-ce que tu as l'heure ?

→ ....

d. Je veux le menu à 9,50 €.

→ ....

e. Vous connaissez un café sympathique ?

→ ....

f. Tu sais compléter ce formulaire ?

→ ....

g. Vous avez un instant à m'accorder ?

→ ....

h. Vous voulez l'accompagner à la gare ?

→ ....

132 Donnez un conseil. Transformez les phrases comme dans l'exemple.

Exemple : Ne te couche pas si tard !
→ Tu ne devrais pas te coucher si tard !

a. Arrêtez de discuter !

→ ....

b. Ne mange pas autant de dessert, tu vas être malade !

→ ....

c. C'est grave ? Appelez une ambulance !

→ ....

d. Ne t'énerve pas comme ça !

→ ....

e. Si vous êtes fatigué, prenez des vacances !

→ ....

f. Tu regardes trop la télévision !

→ ....

g. N'écoute pas la musique aussi fort !

→ ....

h. Tu roules bien trop vite ! Ralentis !

→ ....

133 Complétez les phrases suivantes en mettant les verbes proposés au conditionnel présent.

Exemple : Thomas ferait mieux de continuer le sport ! (faire mieux)

a. Vous .... parler si fort, le bébé dort ! (ne pas devoir)

b. Vous .... d'appeler un médecin ! (faire mieux)

c. Avec une voix pareille, tu .... chanter dans un groupe ! (devoir)

d. Il .... préférable d'aller au cinéma demain. (être)

e. Les clients .... attendre avant de signer ! (devoir)

f. Il .... que Luc décide seul ! (valoir mieux)

g. Tu .... bien mieux dehors avec ce temps ! (être)

h. Nous ne .... rien dire ! (devoir)

134 Faire des propositions. Complétez les phrases avec les verbes proposés.

Exemple : Tu n'aurais pas envie de faire un tour ? (ne pas avoir envie)

a. Ce soir, on .... aller prendre un pot ? (pouvoir)

b. Ça vous .... de partir ce week-end ? (dire)

c. Après manger, nous .... regarder un bon film ? (pouvoir)

d. Ça te .... de venir au cinéma avec moi ? (plaire)

e. Dites les amis, vous .... manger une glace ? (ne pas aimer)

f. Éric, tu .... jouer aux cartes avec nous ? (ne pas vouloir)

g. Qu'est-ce tu .... d'un bon restaurant ce soir ? (dire)

h. Ça te .... plaisir une bonne pizza ? (faire)

Reliez les situations aux propositions.

(135)

Situations	Propositions
a. Vous vous ennuyez. Vous téléphonez à une amie.	**1.** Tu ne voudrais pas boire un café ?
b. Vous ne voulez pas aller dîner seul(e).	**2.** Tu ne voudrais pas que je te dépose ?
c. Votre ami doit prendre un train.	**3.** Ça te ferait plaisir d'être parmi nous samedi soir ?
d. Dans une pièce, une personne a froid.	**4.** Tu n'aurais pas envie d'aller au cinéma ce soir ?
e. Au lycée, à la pause.	**5.** Qu'est-ce que tu dirais d'un pique-nique ?
f. Vous invitez un(e) ami(e).	**6.** Ça te dirait des moules-frites ?
g. Vous avez très chaud.	**7.** Tu n'aimerais pas prendre un verre ?
h. Ce week-end, il fera beau.	**8.** Vous ne voudriez pas que je ferme la fenêtre ?

Ces informations ne sont pas confirmées. Transformez-les comme dans l'exemple pour émettre une réserve.

(136)

Exemple : Pour les fêtes de fin d'année, les Français consomment plus que les années précédentes.
→ Pour les fêtes de fin d'année, les Français consommeraient plus que les années précédentes.

a. D'après notre envoyé spécial, le bilan de cette catastrophe est de 25 blessés graves.

→ ....

b. Le journaliste a dit qu'il y aura des conséquences dramatiques pour les responsables.

→ ....

c. La radio a annoncé que le réchauffement de la Terre modifie le système climatique.

→ ....

d. Une étude montre que les Français possèdent plus d'animaux domestiques par habitant que les autres pays d'Europe.

→ ....

e. Grâce à la nouvelle politique de prévention routière, il semble que les accidents de la route diminuent.

→ ....

f. Cette année, l'équipe de France de rugby peut gagner le tournoi des 6 nations.

→ ....

g. Cette émission de télévision ne doit plus être diffusée à une heure de grande écoute.

→ ....

h. Aux dernières nouvelles, le cyclone Ernest fait route vers Miami, à l'extrême sud de la Floride.

→ ....

Le mode conditionnel

Qu'est-ce que ces phrases expriment ? Choisissez parmi ces propositions : une demande polie, un désir, une information non confirmée, une proposition, un conseil.

137

Exemple : J'aimerais bien vivre en Espagne pendant quelques années. → un désir

a. Pourriez-vous m'aider à porter ma valise ? → ....

b. Je voudrais partir au ski, ce week-end. → ....

c. D'après nos informations, les otages seraient enfin libres. → ....

d. Vous devriez réfléchir avant d'agir. → ....

e. Nous pourrions inviter les Martin demain soir. → ....

f. Tu ne voudrais pas fermer la porte ! → ....

g. Il ne faudrait pas manger tous les gâteaux ! → ....

h. Il y aurait plein de virus dans l'ordinateur de Luc ! → ....

Formulez des questions comme dans l'exemple. Attention au sujet !

138

Exemple : plaire/être millionnaire
→ Ça vous plairait d'être millionnaire ?

a. souhaiter/devenir un chanteur de rock

→ ....

b. faire plaisir/suivre une course de motos

→ ....

c. aimer/être en vacances tous les jours

→ ....

d. tenter/escalader un grand sommet

→ ....

e. intéresser/vivre au milieu du désert

→ ....

f. être prêt/faire un saut en parachute

→ ....

g. accepter/partir sur la Lune

→ ....

h. vouloir/travailler à l'étranger

→ ....

Transformez les verbes suivants au conditionnel passé en utilisant l'auxiliaire être. Attention aux accords !

139

Exemple : Tomber (tu) → tu serais tombé

a. Aller (nous) → ....

b. Sortir (elles) → ....

c. Rester (il) → ....

d. Descendre (nous) → ....

e. Monter (vous) → ....

f. Passer (elle) → ....

g. Venir (je) → ....

h. Partir (vous) → ....

Transformez les verbes suivants au conditionnel passé en utilisant l'auxiliaire avoir.

140

Exemple : Manger (il) → il aurait mangé

a. Étudier (nous) → ....

b. Décider (tu) → ....

c. Chercher (je) → ....

d. Faire (il) → ....

e. Téléphoner (nous) → ....

f. Finir (elles) → ....

g. Trouver (elle) → ....

h. Parler (vous) → ....

Identifiez le temps et le mode des verbes suivants puis transformez-les au conditionnel passé.

141

Exemple : il dormait → Temps : imparfait   Mode : indicatif
                    → il aurait dormi

a. ils ont su :   → Temps : .... Mode : ....
                    → ....

b. tu avais compris :   → Temps : .... Mode : ....
                    → ....

c. je boirais :   → Temps : .... Mode : ....
                    → ....

d. vous comprendrez :   → Temps : .... Mode : ....
                    → ....

e. nous voulions :   → Temps : .... Mode : ....
                    → ....

f. j'aurai :   → Temps : .... Mode : ....
                    → ....

g. tu pourrais :   → Temps : .... Mode : ....
                    → ....

h. vous irez :   → Temps : .... Mode : ....
                    → ....

Mettez les verbes suivants au conditionnel présent puis au conditionnel passé.

142

Exemple : Terminer (je) → je terminerais/j'aurais terminé

a. Voyager (tu)

→ .... / ....

b. Dire (il)

→ .... / ....

c. Envoyer (elles)

→ .... / ....

d. Réfléchir (nous)

→ .... / ....

e. courir (vous)

→ .... / ....

f. Répondre (je)

→ .... / ....

g. Écrire (tu)

→ .... / ....

h. Obtenir (ils)

→ .... / ....

Reliez les éléments des deux colonnes.

143

a. Tu es en retard !   **1.** Tu aurais dû te coucher moins tard !

b. Elle est malade !   **2.** Elle n'aurait pas dû boire autant !

c. Tu n'as pas fini !   **3.** Tu aurais dû téléphoner pour prévenir !

d. Elle ne viendra plus !   **4.** Tu aurais pu te taire !

e. Tu es fatigué !   **5.** Elle aurait dû se couvrir !

f. Tu as trop parlé !   **6.** Tu aurais pu faire les courses !

g. Le réfrigérateur est vide !   **7.** Elle aurait pu nous le dire !

h. Elle est ivre !   **8.** Tu aurais dû commencer plus tôt !

Exprimez un regret avec *devoir* ou *pouvoir* au conditionnel passé et continuez les phrases librement en vous aidant des éléments proposés.

(144)

Exemple : J'ai encore faim ! → J'aurais dû manger plus !

suivre la bonne recette – venir – raconter – manger plus – mettre de la crème – dire – prendre la voiture – avoir avant – choisir

a. Ce film est vraiment nul !

→ ....

b. Cette idée est géniale !

→ ....

c. Votre histoire est triste !

→ ....

d. Cette soirée est d'une tristesse !

→ ....

e. Mon gâteau est complètement raté !

→ ....

f. Il y a vraiment trop de circulation !

→ ....

g. Tu as un beau coup de soleil !

→ ....

h. Quoi ! Éric sera là ce soir !

→ ....

Reliez les différentes situations aux regrets correspondants.

(145)

a. Partir ! Ce n'était pas une bonne idée,
b. Le train est déjà parti,
c. Le temps était splendide,
d. La boulangerie était fermée,
e. Il n'y avait plus de place,
f. C'est vraiment une mauvaise blague,
g. Cet endroit est terrifiant,
h. Ces chaussures sont bien trop chères,

1. vous auriez dû rester chez vous !
2. vous auriez dû réserver avant !
3. vous n'auriez pas dû les acheter !
4. vous auriez dû rester !
5. vous n'auriez pas dû passer par là !
6. vous auriez dû arriver plus tôt !
7. vous n'auriez pas dû faire ça !
8. vous auriez dû y penser avant !

Complétez le dialogue en mettant les verbes proposés au conditionnel présent.

(146)

THOMAS : Dis-moi, ça te dirait d'aller au cinéma, ce soir ?

LUC : Pourquoi pas. Nous **(1)** .... (pouvoir) téléphoner à d'autres copains !

THOMAS : Bonne idée. Il **(2)** .... (falloir) aussi prévenir les filles ! Je pense qu'elles **(3)** .... (aimer) bien venir avec nous. Mais, j'y pense, tu **(4)** .... (ne pas vouloir) me prêter un livre de maths ?

LUC : Bien sûr. Dans une heure, ça **(5)** .... (te convenir) ? C'est pour l'examen de jeudi ?

THOMAS : Oui et je **(6)** .... (vouloir) être prêt !

LUC : Dans ce cas, on **(7)** .... (ne pas devoir) sortir et on **(8)** .... (faire mieux) de travailler ensemble pour se préparer. Il reste seulement deux jours !

THOMAS : En plus, on dit que ce test **(9)** .... (être) le plus important du trimestre alors...

LUC : Moi aussi, j'**(10)** .... (aimer) vraiment réussir... Bon. Tu **(11)** .... (accepter) de passer à la maison dans 20 minutes ? Il **(12)** .... (valoir mieux) commencer maintenant !

THOMAS : Oui, ce **(13)** .... (être) génial ! Ça **(14)** .... (me faire plaisir) et surtout ça **(15)** .... (me permettre) de mieux comprendre certains points.

Complétez le dialogue en mettant les verbes proposés au conditionnel passé.

(147)

MARIE : Alors, qu'est-ce qu'il t'est arrivé hier ? Tu as raté la meilleure fête de l'année ! Tu aurais dû venir !

ÉRIC : Oui, je sais. J'**(1)** .... (devoir) t'appeler.

MARIE : Oui, d'autant que le père de Luc nous a conduit chez Thomas. Nous **(2)** .... (pouvoir) passer te chercher.

ÉRIC : C'est sympa mais il **(3)** .... (falloir) faire un grand détour.

MARIE : Pourquoi pas ! Ça **(4)** .... (pouvoir) être une belle aventure !

ÉRIC : J'avais encore un livre que j'**(5)** .... (devoir) rapporter il y a une semaine à la bibliothèque.

MARIE : Tu **(6)** .... (devoir) me le dire, je **(7)** .... (te le prêter) !

ÉRIC : Je sais que tu **(8)** .... (le faire) mais tu **(9)** .... (ne pas pouvoir) t'en servir pour le dernier exposé !

MARIE : Tu as raison. je **(10)** .... (ne pas le finir). Enfin, on **(11)** .... (pouvoir) s'arranger !

« Si » : le système hypothétique

Rappel

Condition : **Si + imparfait**
Hypothèse : **conditionnel**

• La condition envisage quelque chose de possible dans le futur, c'est une **éventualité**.

— Si tu **apprenais** tes leçons,
tu **aurais** de meilleures notes.

• La condition n'est pas réalisable, c'est un **irréel du présent**.

— Si j'**étais** grand, je **serais** basketteur.

Condition : **Si + présent**
Hypothèse : **futur simple**

• La condition est probable. On pense qu'elle peut être réalisée. C'est une **potentialité**.

— Si je **vais** à New York,
j'**irai** voir la statue de la liberté.

Condition : **Si + plus-que-parfait**
Hypothèse : **conditionnel passé**

• La condition n'est pas réalisée, c'est un **irréel du passé**.

— S'il **avait été** prudent,
il **ne serait pas mort**.

148 **Transformez les verbes proposés comme dans l'exemple afin d'exprimer des potentialités.**

Exemple : S'il fait (faire) beau demain, nous irons (aller) à la plage.

a. Si Léon .... (sortir) ce soir, il .... (ne pas être) en forme demain.

b. Si vous .... (étudier) sérieusement, vous .... (obtenir) de bons résultats.

c. Si tu .... (ne pas se couvrir), tu .... (prendre) froid.

d. S'ils .... (ne pas partir) de suite, ils .... (rater) la séance de 20 heures.

e. Si tu .... (vouloir), je .... (venir) te voir ce soir.

f. Si nous .... (avoir) le temps, nous .... (faire) quelques courses.

g. Si vous .... (ne pas se dépêcher), vous .... (manquer) votre bus.

h. Si elles .... (bavarder) trop, le professeur les .... (punir).

149 **Remettez les mots dans l'ordre pour reconstituer les phrases.**

Exemple : on/ne/peu/tard/./tu/un/sortira/Si/viens/pas/trop/,
→ Si tu ne viens pas trop tard, on sortira un peu.

a. à/trop/,/de/y/S'/n'/circulation/./arriverons/temps/a/nous/pas/il

→ ....

b. vous/ordinateur/./n'/Si/vous/oublierez/utilisez/,/de/éteindre/cet/pas/l'

→ ....

c. regardes/./la/tu/mal/yeux/aux/tu/télé/trop/Si/auras/longtemps/,

→ ....

d. ./n'/pas/Si/laisserai/êtes/là/,/je/mot/un/vous/vous

→ ....

e. ,/pleut/nous/trop/S'/./nous/ne/il/pas/promènerons

→ ....

f. tu/emprunterai/ce/te/je/achètes/pantalon/./,/Si/l'

→ ....

g. malade/Si/,/les/je/pourras/m'/cours/tu/apporter/suis/.

→ ....

h. vous/une/./l'/recommencer/pourrez/Si/exercice/faites/,/erreur/vous

→ ....

Construisez des hypothèses comme dans l'exemple.

(150)

Exemple : prendre le vélo – arriver à l'heure au collège – vous
→ Si vous prenez le vélo, vous arriverez à l'heure au collège.

a. trouver un petit boulot – pouvoir se payer un voyage – tu

→ ....

b. décoller à temps – avoir notre correspondance – nous

→ ....

c. obtenir ce diplôme – devenir infirmières – Lucie et Léa

→ ....

d. ne pas partir maintenant – se retrouver dans les embouteillages – nous

→ ....

e. dire la vérité – ne pas le regretter – tu

→ ....

f. mettre ce pull – être ridicule – je

→ ....

g. réviser sérieusement – réussir le test – les étudiants

→ ....

h. se lever – nous empêcher de nous baigner – le vent

→ ....

Selon les situations, transformez les phrases et complétez-les librement en vous aidant des verbes proposés.

(151)

Exemple : Vous trouvez un portefeuille sur le trottoir.
→ Si je trouve un portefeuille sur le trottoir, je le rapporterai à son propriétaire.

descendre – présenter – rapporter – emprunter – téléphoner – s'acheter – consoler – demander – inviter

a. Vous rencontrez un(e) ami(e) dans la rue.

→ ....

b. Vous vous trompez de bus.

→ ....

c. Vous faites un mauvais numéro de téléphone.

→ ....

« Si » : le système hypothétique

d. Vous ne comprenez pas un exercice.

→ ....

e. Au restaurant, vous n'avez pas assez d'argent.

→ ....

f. Vous gagnez à la loterie.

→ ....

g. En vacances, vos amis vous manquent.

→ ....

h. Votre meilleur(e) ami(e) est triste.

→ ....

Construisez des phrases avec si ou avec sinon, selon le cas.

(152)

Exemples : se lever – ne rien voir – tu   ou   ne pas se lever – ne rien voir – tu
→ Lève-toi, sinon tu ne verras rien !   → Si tu ne te lèves pas, tu ne verras rien !

a. ne pas dormir – être fatigué – tu

→ ....

b. ralentir – avoir un accident – vous

→ ....

c. ne pas comprendre – ne pas pouvoir faire l'exercice – ils

→ ....

d. se dépêcher – être en retard – vous

→ ....

e. ne pas faire de bruit – ne pas réveiller les enfants – elle

→ ....

f. appeler le docteur – ne pas avoir de rendez-vous – vous

→ ....

g. prendre un livre – s'ennuyer – tu

→ ....

h. boire trop vite – avoir mal au ventre – il

→ ....

B. Hypothèses sur le présent

153 Transformez les verbes proposés comme dans l'exemple afin d'exprimer des éventualités.

Exemple : S'il faisait (faire) beau demain, nous irions (aller) à la plage.

a. Si Léon .... (sortir) ce soir, il .... (ne pas être) en forme demain.

b. Si vous .... (étudier) sérieusement, vous .... (obtenir) de bons résultats.

c. Si tu .... (ne pas se couvrir), tu .... (prendre) froid.

d. S'ils .... (ne pas partir) de suite, ils .... (rater) la séance de 20 heures.

e. Si tu .... (vouloir), je .... (venir) te voir ce soir.

f. Si nous .... (avoir) le temps, nous .... (faire) quelques courses.

g. Si vous .... (ne pas se dépêcher), vous .... (manquer) votre bus.

h. Si elles .... (bavarder) trop, le professeur les .... (punir).

154 Reliez les éléments des deux colonnes (plusieurs possibilités).

a. Si je trouvais un trésor,
b. Si j'avais le temps,
c. Si j'étais moins fatigué,
d. S'il faisait beau,
e. S'il arrêtait de pleuvoir,
f. S'il s'arrêtait de rire,
g. Si elle partait maintenant,
h. Si vous m'accompagniez,

1. j'étudierais deux ou trois langues.
2. je sortirais mon bateau.
3. je pourrais lui parler.
4. je serais vraiment triste.
5. je ferais un immense voyage.
6. je ne raterais pas mon bus.
7. je tondrais ma pelouse.
8. je continuerais la peinture.

155 Complétez les phrases avec les verbes proposés comme dans l'exemple.

Exemple : Si je savais (savoir) nager, je n'aurais pas (ne pas avoir) peur de l'eau.

a. Si je .... (pouvoir) voyager plus souvent, je le .... (faire).

b. Si tu .... (devoir) déménager, tu .... (habiter) où ?

c. Si nous .... (ne plus avoir) d'argent, il .... (être) difficile d'avoir des projets.

d. Si je .... (parler) bien français, j'..................... (envisager) de visiter Bordeaux.

e. Si j'..................... (obtenir) mon diplôme, j'..................... (organiser) une grande fête.

f. Si vous .... (gagner) cette compétition, vos amis .... (être) fiers de vous.

g. Si vous .... (réserver) une table, vous .... (ne pas attendre) des heures.

h. Si je vous .... (inviter), vous .... (passer) me voir ?

En vous aidant des verbes proposés, répondez aux questions suivantes.

156

Exemple : Que diriez-vous si on s'asseyait à votre place dans l'avion ?
→ Si on s'asseyait à ma place dans l'avion, je préviendrais l'hôtesse.

chercher – choisir – prendre – prévenir – apprendre – rendre visite – porter plainte – aller – appeler

a. Que feriez-vous si vous perdiez vos clés ?

→ ....

b. Quelle langue étudieriez-vous si deviez le faire ?

→ ....

c. Où partiriez-vous si vous deviez faire un long voyage ?

→ ....

d. Comment viendriez-vous à l'école s'il n'y avait pas de bus ?

→ ....

e. Que feriez-vous si on vous volait vos papiers ?

→ ....

f. Quel type de restaurant choisiriez-vous si vous aviez le choix ?

→ ....

g. Si vous deviez sortir, que feriez-vous ?

→ ....

h. Que feriez-vous si vous manquiez un rendez-vous ?

→ ....

Finissez les phrases en suivant le modèle proposé dans l'exemple.

157

« Les gens seraient plus heureux si...

Exemple : Passer du temps en famille. → s'ils passaient du temps en famille. »

a. Habiter à la campagne.

→ ....

b. Partir plus souvent en vacances.

→ ....

c. Gagner plus d'argent.

→ ....

d. Pouvoir profiter de leurs enfants.

→ ....

e. Lire davantage.

→ ....

f. Faire plus de sport.

→ ....

« Si » : le système hypothétique

g. Organiser leur temps de travail.

→ ....

h. Être moins stressé.

→ ....

Transformez les verbes proposés comme dans l'exemple afin d'exprimer des conditions non réalisées (irréel du passé).

158

Exemple : S'il avait fait (faire) beau hier, nous serions allés (aller) à la plage.

a. Si Léon .... (sortir) hier soir, il .... (ne pas être) en forme aujourd'hui.

b. Si vous .... (étudier) sérieusement, vous .... (obtenir) de bons résultats.

c. Si tu .... (ne pas se couvrir), tu .... (prendre) froid.

d. S'ils .... (ne pas partir) de suite, ils .... (rater) la séance de 20 heures.

e. Si tu .... (vouloir), je .... (venir) te voir hier soir.

f. Si nous .... (avoir) le temps, nous .... (faire) quelques courses.

g. Si vous .... (ne pas se dépêcher), vous .... (manquer) votre bus.

h. Si elles .... (bavarder trop), le professeur les .... (punir).

Transformez les verbes proposés comme dans l'exemple et reliez les éléments des deux colonnes.

159

a. S'il s'était levé plus tôt, (se lever)

b. Si tu .... ton travail, (rendre)

c. Si nous ...., (s'appliquer)

d. S'il ...., (ne pas pleuvoir)

e. Si tu ...., (se couvrir)

f. Si nous ...., (écouter)

g. Si tu ...., (ne pas m'appeler)

h. S'il ...., (tomber)

1. nous .... quoi faire. (savoir)

2. il n'aurait pas raté son avion. (ne pas rater)

3. tu .... (s'enrhumer).

4. il .... se faire mal. (pouvoir)

5. nous .... d'erreur. (ne pas commettre)

6. tu .... (ne pas être puni)

7. tu .... (se perdre)

8. il .... de problèmes. (ne pas y avoir)

Continuez les phrases comme dans l'exemple.

160

Exemple : Je n'ai pas consulté le programme donc je n'ai pas pu choisir un bon spectacle, mais si je l'avais consulté, j'aurais pu en choisir un bon.

a. Tu n'as pas bien noté l'adresse donc tu t'es perdu, mais...

→ ....

b. Ils n'ont pas bien joué donc ils n'ont pas gagné, mais...

→ ....

c. Je n'ai pas prévenu Léa donc elle n'est pas venue à ma fête, mais...

→ ....

d. Le concert n'a pas eu lieu donc l'organisation a remboursé tout le monde, mais...

→ ....

e. La pluie a empêché les gens de sortir donc le festival a été annulé, mais...

→ ....

f. Ce problème était délicat donc nous avons trouvé une solution provisoire, mais...

→ ....

g. Éric a prêté son vélo à sa sœur donc elle est allée chez son amie, mais...

→ ....

h. Le petit boulot de Luc n'a pas suffi donc il n'a pas pu s'offrir son nouvel ordinateur, mais...

→ ....

Formulez des phrases comme dans l'exemple.

161

Exemple : Vous êtes très déçu ! (savoir/ne pas venir)
→ Si j'avais su, je ne serais pas venu !

a. Vous n'avez rien fait ! (écouter/comprendre)

→ ....

b. Vous ne vous sentez pas bien ! (ne pas trop manger/ne pas être malade)

→ ....

c. Vous avez un virus dans votre ordinateur ! (installer un antivirus/ne pas devoir formater)

→ ....

d. Il n'y a plus de pain ! (aller à la boulangerie/se faire un sandwich)

→ ....

e. Le match est reporté ! (ne pas neiger/ne pas y avoir d'annulation)

→ ....

f. Votre avion est parti ! (se réveiller plus tôt/prendre un taxi de suite)

→ ....

g. Votre chambre est mal rangée ! (nettoyer/inviter vos amis)

→ ....

h. Vous êtes fatigué ! (se reposer davantage/mieux récupérer)

→ ....

162 Posez des questions en fonction des situations décrites.

Exemple : À la librairie, vous avez commandé un livre. Vous questionnez le libraire. (ne pas recevoir)
→ Vous n'auriez pas reçu mon livre, par hasard ?

a. Vous cherchez votre chat. Vous interrogez votre voisin. (ne pas voir)

→ « .... ? »

b. Vous avez égaré votre sac. Il est bleu. Vous demandez à quelqu'un. (ne pas trouver)

→ « .... ? »

c. Quelqu'un a, sans le faire exprès, pris votre manteau. Vous lui faites remarquer. (ne pas échanger)

→ « .... ? »

d. Vous êtes un acteur peu connu. Quelqu'un vous reconnaît dans la rue. Il vous le dit. (ne pas jouer)

→ « .... ? »

e. Vous trouvez un dossier dans le bus. Vous rattrapez une personne. Vous le lui tendez. (ne pas perdre)

→ « .... ? »

f. Vous avez oublié votre journal dans le train. Par la fenêtre, une personne vous le rend et vous dit. (ne pas oublier)

→ « .... ? »

g. Au lycée, vous chercher votre amie Alice. Vous questionnez un camarade. (ne pas apercevoir)

→ « .... ? »

h. Votre amie éternue. Vous lui dites. (ne pas attraper froid)

→ « .... ? »

« Si » : le système hypothétique

Complétez cette lettre à l'aide des temps et des modes qui conviennent.

(163)

En vacances dans les Pyrénées avec ses copains, Éric écrit à ses parents.

Chers parents,

Je passe un agréable séjour mais depuis quelques jours il pleut. En principe, cette semaine nous (1) .... (devoir) partir en randonnée pendant trois jours si le temps (2) .... (être) meilleur. Nous (3) .... (aller) au refuge du Rieumajou puis au lac de Loule si seulement cette maudite pluie (4) .... (cesser).

Demain, si cela (5) .... (se calmer), nous (6) .... (essayer) d'atteindre le lac d'Orédon par le chemin des cascades. Vraiment, si je le (7) .... (pouvoir), je (8) .... (changer) ce temps capricieux ! Ce matin, la météo a annoncé une accalmie pour cet après-midi. Si le groupe (9) .... (être motivé), nous (10) .... (faire) cette balade et nous (11) .... (installer) notre camp en fin de journée juste au bord du lac. Génial !

Si vous (12) .... (pouvoir) voir ça, vous (13) .... (être enchanté) ! C'est magnifique ! Mais peut-être que vous (14) .... (pouvoir) passer me rendre visite si vous (15) .... (s'organiser) bien ?

Enfin ! Si plus tard dans la semaine j'(16) .... (avoir) un moment, je vous (17) .... (appeler) avec mon portable. Au fait, merci pour le portable car si nous (18) .... (ne pas le prendre), nous (19) .... (ne pas se sentir) en sécurité.

Oui, je sais, vous allez dire que s'il (20) .... (ne pas pleuvoir), je (21) .... (ne pas vous donner) de mes nouvelles ! C'est chose faite maintenant !

Je vous embrasse.
À bientôt

Éric

X Le subjonctif présent

Le subjonctif présent

Il faut que je parte
Il faut que tu partes
Il faut qu'il/elle/on parte

Il faut que nous partions
Il faut que vous partiez
Il faut qu'ils/elles partent

— Je doute qu'il **réussisse** son régime.

— J'ai peur qu'il **pleuve**.

— Je cherche une personne qui **sache** parler français.

— Parlez dans le micro afin que tout le monde vous **entende**.

164 Transformez les phrases suivantes comme dans l'exemple en utilisant le subjonctif présent.

Pour réussir un bon gâteau au chocolat :

Exemple : D'abord, trouve la recette et achète les ingrédients.
→ Il faut que je trouve la recette et que j'achète les ingrédients.

a. Rassemble les ustensiles et préchauffe le four.

→ ....

b. Respecte les indications et lave-toi les mains.

→ ....

c. Coupe le chocolat en morceaux et casse les œufs.

→ ....

d. Sépare les jaunes des blancs et monte les blancs en neige.

→ ....

e. Mélange les jaunes d'œufs avec le sucre et verse le beurre fondu.

→ ....

f. Ajoute le chocolat fondu, les blancs et remue le tout.

→ ....

g. Place le plat dans le four et lave la vaisselle.

→ ....

h. Goûte le gâteau et invite tes amis.

→ ....

165 Complétez les phrases suivantes à l'aide du subjonctif présent.

Conseils pour ne pas rater ses vacances :

Exemple : Il faut que vous pensiez (penser) à plein de choses.

	a. vous	(choisir) une destination.
	b. vous	(aller) dans une agence de voyages.
	c. vous	(faire) votre valise.
Il faut que...	d. vous	(apprendre) la langue locale.
	e. vous	(réserver) une chambre d'hôtel.
	f. vous	(visiter) les sites intéressants.
	g. vous	(écrire) des cartes postales.
	h. vous	(ramener) des souvenirs.

166 Complétez les phrases avec les verbes proposés puis reliez les éléments des deux colonnes.

Il faut que... | **...mais il ne faut pas que...**

a. j'................ faire des courses... (aller)

b. je .... le bus... (prendre)

c. tu .... ton travail... (finir)

d. nous .... le couvert... (mettre)

e. vous .... français... (parler)

f. nous .... la maison... (nettoyer)

g. nous .... maintenant... (partir)

h. je .... la salle de bain... (peindre)

1. je .... le prochain arrêt. (rater)

2. nous .... à manger. (commencer)

3. nous .... quelque chose. (casser)

4. nous .... par la ville. (passer)

5. j'................ la liste. (oublier)

6. tu .... trop tard. (se coucher)

7. je .... le sol. (salir)

8. vous .... timides. (être)

167 Complétez les phrases avec les verbes proposés au subjonctif présent.

Exemple : Croyez-vous qu'il connaisse la réponse ? (connaître)

a. Êtes-vous certain qu'elle .... si tard ? (travailler)

b. Voudrais-tu que je .... te voir dans l'après-midi ? (venir)

c. Je suis désolé que vous .... partir plus tôt. (ne pas pouvoir)

d. Ça me fait vraiment plaisir que tu .... là ! (être)

e. Je ne crois pas qu'ils .... envie de sortir maintenant. (avoir)

f. Demain, j'aimerais bien qu'il .... (ne pas pleuvoir)

g. Je ne suis pas sûr qu'elles .... voir ce film. (vouloir)

h. Il tremble à l'idée qu'elle ne .... son invitation. (refuser)

168 Reliez les éléments des deux colonnes afin d'identifier le sentiment exprimé dans chacune des phrases.

a. La police doute qu'il soit chez lui.

b. J'ai peur qu'elles ne partent après manger !

c. Nous voudrions prendre un café au lait !

d. Quel dommage que vous ne puissiez pas venir !

e. Avec cette neige, il est à craindre que tu ne glisses !

f. Il ordonne que vous ne sortiez pas !

g. Elle veut que nous discutions.

h. Il est temps que nous nous disions au revoir.

1. l'ordre

2. le souhait

3. le doute

4. la volonté

5. la crainte

6. le regret

7. le jugement subjectif

8. la peur

169 Choisissez, parmi les expressions proposées, celles qui correspondent le mieux (plusieurs possibilités) puis complétez les phrases en utilisant le subjonctif.

Il interdit – Il ne faut pas – J'ai peur – Il n'est pas certain – Il est impossible – Il désire – Mes parents veulent – Il est absurde – Elle est désolée

Exemple : ...Il ne faut pas que vous buviez tout ! (boire)

a. .... qu'il .... en retard à notre rendez-vous. (être)

b. .... qu'on .... nos calculatrices. (utiliser)

c. .... que j'.............. chez le coiffeur ! (aller)

d. .... qu'on .... pour limiter l'effet de serre ! (ne rien pouvoir)

e. .... que le professeur .... là demain. (être)

f. .... qu'il .... (ne rien dire)

g. .... que nous .... trouver la solution. (ne pas savoir)

h. .... que vous .... près de lui. (s'asseoir)

170 Choisissez une expression et transformez les phrases selon le modèle.

Il se peut que – Il est absurde que – Il faut que – Il est impensable que – Il est inutile que – Il est regrettable – Il est souhaitable que – Il est possible que – Il est temps que

Exemple : Dépêchez-vous ! → Il faut que vous vous dépêchiez !

a. Prenez un autre rendez-vous, c'est mieux !

→ ....

b. Nous sommes peut-être en avance !

→ ....

c. Tu ne peux pas dire ça ! C'est idiot !

→ ....

d. Je dois rentrer. C'est l'heure.

→ ....

e. Le magasin refuse ma carte bleue !

→ ....

f. N'achète pas la même chemise !

→ ....

g. Vous partez déjà ! C'est dommage !

→ ....

h. Je viens peut-être ce soir.

→ ....

171 **Subjonctif ou indicatif ? Reliez les éléments suivants.**

a. Je pense

b. Je doute

c. Je crains   **1.** qu'il a raison.

d. Je ne pense pas

e. Je crois   **2.** qu'il n'ait raison.

f. Je souhaite

g. Je ne crois pas   **3.** qu'il ait raison.

h. J'espère

172 **Complétez les phrases suivantes et dites s'il s'agit du subjonctif ou de l'indicatif.**

    Exemple : Nous ne sommes pas sûr que ce produit coûte le moins cher. (coûter)
    → subjonctif

a. Nous ne croyons pas que vous .... réussir ce test. (pouvoir)

→ ....

b. Je ne pense pas que les Dubois .... revenir en France. (vouloir)

→ ....

c. Luc est sûr que vous .... capable de trouver la solution. (être)

→ ....

d. Vous ne croyez pas qu'elles .... la vérité ? (dire)

→ ....

e. Nous pensons que vous .... de quoi il s'agit ! (savoir)

→ ....

f. Je ne suis pas certain qu'elles .... mon adresse. (connaître)

→ ....

g. Léa espère que Thomas .... lui prêter ses rollers. (aller)

→ ....

h. Je ne crois pas qu'elle .... en Italie cet été. (aller)

→ ....

Transformez les phrases suivantes selon le modèle.

173

Exemple : Tu prends la première rue à gauche ! C'est préférable !
→ Il est préférable que tu prennes la première rue à gauche.

a. Il fait un temps horrible aujourd'hui ! C'est dommage !

→ ....

b. Vous arrivez à l'heure ! C'est important !

→ ....

c. Au soleil, tu mets un chapeau ! C'est très important !

→ ....

d. Tu es malade et tu n'appelles pas le médecin ! C'est étonnant !

→ ....

e. Vous traversez la rue sans regarder ! C'est dangereux !

→ ....

f. Mon ordinateur a encore un virus ! C'est inexplicable !

→ ....

g. Tu travailles trop ! Ce n'est pas nécessaire !

→ ....

Le subjonctif présent

h. Vous partez demain ! Comme c'est triste !

→ ....

À l'aide des verbes et des expressions proposés, écrivez librement des phrases qui correspondent aux situations suivantes, comme dans l'exemple.

174

Exemple : Vous trouvez un portefeuille.
→ Il est naturel que je le rapporte.

rembourser – faire – rapporter – partir – être là – être ponctuel – avoir – s'y mettre – rendre

Il est impossible – Il est naturel – Il est important – Il est nécessaire – Il est regrettable – Il est normal – Il est indispensable – Il est surprenant – Il est inquiétant

a. On vous prête des livres.

→ ....

b. Quelqu'un vous emprunte de l'argent.

→ ....

c. Vous avez un rendez-vous important.

→ ....

d. Vous refusez d'exécuter un travail.

→ ....

e. Vous avez décidé de bien travailler.

→ ....

f. Vous regrettez de quitter vos amis.

→ ....

g. Votre ami n'est pas encore arrivé.

→ ....

h. Vous êtes surpris de voir autant de circulation.

→ ....

Après avoir complété les phrases à l'aide des verbes proposés, reliez les éléments des deux colonnes.

(175)

se relire – partir – dire – s'en aller – ouvrir – faire – vérifier – dormir

a. Il est tard !
b. Ce n'est pas vrai !
c. Minuit ! Déjà !
d. Quelle chaleur !
e. Il a encore faim !
f. Il y a une erreur !
g. Tu es sûr ?
h. Vous êtes fatigué ?

1. Il serait préférable que je ....
2. Il serait utile que vous ....
3. Il vaudrait mieux que tu ....
4. Il faudrait que vous ....
5. Il vaudrait mieux qu'elle dise la vérité.
6. Il serait souhaitable que vous .... la fenêtre.
7. Ça serait bien que tu lui .... un sandwich.
8. Il faudrait que tu .... tes informations.

À l'aide des verbes suivants, formulez des phrases qui correspondent aux situations proposées.

(176)

Exemple : Vous avez le choix entre la piscine ou la patinoire. Vous dites à votre ami votre préférence pour la piscine.
→ Je préférerais qu'on aille à la piscine.

apprécier – aimer – souhaiter – préférer – désirer – vouloir – adorer – avoir envie – avoir besoin

a. Vous demandez à un ami de vous accompagner au théâtre ce soir.

→ ....

b. Un ami vous doit de l'argent depuis longtemps. Vous lui demandez de vous le rendre, vous en avez besoin.

→ ....

c. Vous entrez dans une pâtisserie pour acheter un gâteau. Vous voulez savoir ce qu'il y a dedans.

→ ....

d. Vous avez un problème avec un exercice. Vous demandez à un camarade de vous aider.

→ ....

e. Vous appelez chez Lucie mais elle n'est pas chez elle. Son père répond. Vous voulez dire à Lucie de venir chez vous pour le week-end.

→ ....

f. Vous êtes dans un magasin de vêtements. Vous voulez essayer le modèle qui est exposé dans la vitrine. Vous demandez à la vendeuse de vous l'apporter.

→ ....

g. Vous êtes devant le cinéma. Vous êtes très motivé pour aller voir une comédie avec vos amis.

→ ....

h. Vous voulez sortir avec vos amis. Vous leur signifiez cette envie.

→ ....

(177) Éric organise une fête chez lui. Voici les consignes de ses parents. Choisissez un verbe et formulez les phrases qu'il va dire à ses amis.

Exemple : Pas de boissons alcoolisées.
→ Mes parents exigent qu'il n'y ait pas de boissons alcoolisées.

refuser – autoriser – demander – vouloir – permettre – ordonner – exiger – falloir – interdire

a. Ne pas écouter la musique trop fort.

→ ....

b. Être responsable.

→ ....

c. Ne pas utiliser le sauna.

→ ....

d. Se baigner dans la piscine ; d'accord.

→ ....

e. Jouer au billard.

→ ....

f. Tout nettoyer à la fin.

→ ....

g. Prévenir les voisins.

→ ....

h. Ne pas utiliser leurs disques.

→ ....

(178) Dans un devoir de français, Léa a évoqué la maison de ses rêves. Complétez les phrases suivantes en mettant les verbes proposés au subjonctif présent.

« J'aimerais que mes parents achètent une maison...

Exemple : ...qui ne coûte pas trop cher, (ne pas coûter)

a. qui .... près d'un lac, (être)

b. qui .... de nombreuses pièces, (avoir)

c. où mes amis .... venir quand ils veulent, (pouvoir)

d. qui .... un grand jardin, (posséder)

e. où il .... d'électricité, (ne pas y avoir)

f. qui .... à toute la famille de se retrouver, (permettre)

g. où nous .... quelques animaux (élever)

h. et qui .... près de la mer et de la montagne. » (se trouver)

179 Pour le même devoir de français, Luc, de son côté, a pensé à la voiture de ses rêves. Complétez les phrases suivantes en mettant les verbes proposés au subjonctif présent.

« Je voudrais que ma famille achète une voiture...

Exemple : ...qui contienne facilement six personnes, (contenir)

a. où on .... être assis confortablement, (pouvoir)

b. qui .... vraiment très spacieuse, (être)

c. qui .... plus facilement, (se conduire)

d. qui .... trop d'énergie, (ne pas consommer)

e. dans laquelle mon frère et moi .... regarder la vidéo, (pouvoir)

f. qui .... de toutes les options, (disposer)

g. qui .... aussi avec d'autres sources d'énergie (fonctionner)

h. et dans laquelle nous .... tous en sécurité. » (être)

180 Transformez les phrases comme dans l'exemple.

Exemple : Nous souhaiterions vos commentaires sur cette affaire.
→ Nous souhaiterions que vous commentiez cette affaire.

a. Les étudiants refusent ton départ.

→ ....

b. Elle attend le paiement de votre commande.

→ ....

c. Nous attendons la fin du film.

→ ....

d. Vous demandez leur démission.

→ ....

e. Il aimerait une intervention de ta part.

→ ....

f. Thomas et Luc attendent leurs réponses.

→ ....

g. Ces enfants auraient besoin de notre protection.

→ ....

h. J'ai apprécié votre passage chez moi.

→ ....

Bilan

À l'aide des verbes suivants, complétez le dialogue en utilisant le subjonctif et l'indicatif.

181

(1) offrir	**(7)** oublier	**(13)** avoir
(2) crier	**(8)** disparaître	**(14)** perdre
(3) être	**(9)** faire	**(15)** se mettre
(4) réfléchir	**(10)** décider	**(16)** savoir
(5) aller	**(11)** parler	**(17)** acheter
(6) répondre	**(12)** prévenir	**(18)** pouvoir

Un groupe d'amis se retrouve autour d'une table, dans un café.

ÉRIC : Il faut que nous **(1)** .... un cadeau à Léa. C'est bientôt son anniversaire !

THOMAS : Ce n'est pas utile que tu **(2)** .... comme ça, nous le savions !

MARIE : C'est dommage que Luc ne **(3)** .... pas là, avec nous.

ÉRIC : C'est vrai. Ce serait bien qu'on **(4)** .... tous ensemble. Mais je pense qu'il **(5)** .... arriver plus tard.

MARIE : Moi, ça m'inquiète qu'il ne **(6)** .... pas au téléphone ! Je suis sûre qu'il **(7)** .... notre rendez-vous.

THOMAS : Moi, je trouve bizarre qu'il **(8)** .... toujours quand on a besoin de lui !

ÉRIC : Oui, c'est vrai. Je crois qu'il le **(9)** .... exprès. Il serait plus intéressant qu'on **(10)** .... quelque chose et qu'on lui en **(11)** .... plus tard.

THOMAS : C'est quand même incroyable qu'il ne nous (12) .... pas !

MARIE : Je pense qu'Éric (13) .... raison. Le plus important est que nous ne (14) .... pas de temps et que nous (15) .... au travail. Pour le reste, l'essentiel est qu'il (16) .... ce qu'on (17) .... à Léa pour qu'il (18) .... participer.

182 Complétez le dialogue avec les verbes de la liste en utilisant le subjonctif.

avoir – discuter – plaire – se presser – aller – venir – se taire – être – donner – falloir – se dépêcher

Après quelques longues minutes, Luc répond au téléphone.

MARIE : Luc ? Alors, tu viens ou pas parce qu'il semblerait que, sans toi, nous (1) .... un peu à court d'idées et que nous (2) .... pour ne rien dire !

ÉRIC : Je ne pense pas qu'il (3) .... lui dire ça !

THOMAS : Moi, je doute qu'il (4) .... une meilleure suggestion à faire et surtout qu'elle nous (5) .... à tous !

MARIE : Chut !!! Il faudrait que vous (6) .... un peu les garçons, je n'entends rien !

ÉRIC : Alors, il vient ? Dis-lui que nous aimerions qu'il (7) .... un petit peu plus.

MARIE : Tu as entendu Luc ? Même Éric souhaiterait que tu (8) ....

THOMAS : Oui, c'est vrai ! Mais au fait, il ne veut pas qu'on (9) .... le chercher ?

MARIE : Non, ce n'est pas nécessaire que nous y (10) .... Il voudrait qu'on lui (11) .... encore dix minutes, il était en train de se laver la tête !

XI La situation dans le temps : origine et durée de l'action

L'expression de la durée avec *pendant*, *pour*, *en*, *il y a*, *depuis*, *dans*.

Un somnambule marche **pendant** son sommeil.

Elle part loin de sa famille **pour** un an.

Un œuf dur est cuit **en** 10 minutes.

Elle attend son amie **depuis** une heure.

Les hommes ont commencé à domestiquer le feu **il y a** 500 000 ans.

L'émission commence **dans** 7 secondes.

Reliez les éléments des deux colonnes (plusieurs posibilités)

(183)

a. Hier, Léa et Marie se sont parlé au téléphone
b. Malade, Luc est resté au lit
c. Mon cousin vient dormir à la maison
d. Attends-moi ici ! J'en ai
e. Elle n'a pris aucune décision
f. Vous devez vous reposer
g. Il est parti loin et
h. Qu'est-ce que tu as fait

1. pour une minute.
2. pendant les vacances.
3. pendant dix minutes.
4. pour longtemps, je crois.
5. pendant une semaine.
6. pour le moment.
7. pour Noël ?
8. pour une nuit.

Rayez l'élément qui ne convient pas.

(184)

Exemple : Je vais chercher Marie à la gare. Elle arrive **dans/pendant** une heure.

a. Ses vacances sont finies. Il revient **dans/pendant** une semaine.
b. Avec ce temps, nous n'avons pas pu sortir **dans/pendant** trois jours !
c. Léa lui a expliqué l'exercice **dans/pendant** une demi-heure.
d. Je te rappelle **dans/pendant** un quart d'heure, c'est promis !
e. Ne bouge pas. Je reviens **dans/pendant** dix minutes.
f. Cet été, je reste ici mais **dans/pendant** l'hiver, j'irai au ski.
g. Éric, tu exagères ! Tu as appelé Marie **dans/pendant** plus d'une heure !
h. Il faut que je révise mes cours. J'ai un examen **dans/pendant** quinze jours.

Complétez les phrases suivantes avec dans ou en.

(185)

Exemple : Allez, vite, ça va fermer ! Si tu cours, tu peux y être en deux minutes.

a. Les Dubois vont quitter la France .... une quinzaine de jours.

b. Vite, le train part .... cinq minutes !

c. Avec le tram, nous serons en ville .... moins d'un quart d'heure.

d. Entre Paris et Bordeaux, le TGV parcourt les 600 km .... trois heures.

e. J'attends une réponse de l'université .... quelques jours.

f. La situation s'est dégradée .... peu de temps.

g. Au travail ! Vous pouvez faire ce devoir .... deux heures !

h. Lucie doit remettre ce rapport au directeur .... un mois.

D. En / Pendant / Dans

Cochez la bonne réponse.

186

Exemple : Installez-vous confortablement, le spectacle va commencer .... un instant.
    1. ☐ en   **2.** ☐ pendant   **3.** ☑ dans

a. Le directeur attend votre réponse .... la semaine.
    1. ☐ en   **2.** ☐ pendant   **3.** ☐ dans

b. Le temps d'entrer dans la boutique et .... dix minutes tout était vendu !
    1. ☐ en   **2.** ☐ pendant   **3.** ☐ dans

c. À la réunion, M. Duchemin a monopolisé la parole .... vingt minutes !
    1. ☐ en   **2.** ☐ pendant   **3.** ☐ dans

d. Je réfléchis et je vous appelle .... deux jours.
    1. ☐ en   **2.** ☐ pendant   **3.** ☐ dans

e. Nous avons attendu sa visite .... au moins deux heures.
    1. ☐ en   **2.** ☐ pendant   **3.** ☐ dans

f. Tout est allé très vite et .... une seconde, c'était terminé.
    1. ☐ en   **2.** ☐ pendant   **3.** ☐ dans

g. Avec tous ces embouteillages, on ne pourra jamais être au théâtre .... moins de cinq minutes.
    1. ☐ en   **2.** ☐ pendant   **3.** ☐ dans

h. Vous devez me remettre une copie de votre synthèse .... trois jours.
    1. ☐ en   **2.** ☐ pendant   **3.** ☐ dans

E. Depuis/Dès

Rayez l'élément qui ne convient pas.

187

Exemple : Je suis réveillé **depuis/~~dès~~** quatre heures du matin.

a. Il est insupportable **depuis/dès** plus d'une heure.

b. **Depuis/Dès** trois ans, elles travaillent sur un grand projet d'urbanisation de la ville.

c. Votre profil me plaît bien ; vous pourrez commencer **depuis/dès** demain, à huit heures.

d. **Depuis/Dès** la première heure d'examen, beaucoup d'étudiants sont sortis de la salle.

e. Si tu veux, je t'appelle demain **depuis/dès** huit heures trente.

f. **Depuis/Dès** la semaine prochaine, je m'occupe de votre dossier.

g. Il y a une épidémie de grippe dans la région **depuis/dès** la semaine dernière.

h. **Depuis/Dès** son retour, nous ne l'avons pas beaucoup vu.

F. Depuis/Il y a

Cochez la ou les bonne(s) réponse(s).

188

Exemple : Il ne sort plus de chez lui .... plus d'un mois.
    1. ☐ il y a   **2.** ☑ depuis

a. Mon père s'est arrêté de fumer .... six mois.

    1. ☐ il y a   **2.** ☐ depuis

b. J'ai reçu une lettre de Marie .... deux jours.

    1. ☐ il y a   **2.** ☐ depuis

c. Luc ne va pas bien, il n'a rien mangé .... hier.

    1. ☐ il y a   **2.** ☐ depuis

d. Mon père ne fume plus .... l'année dernière.

    1. ☐ il y a   **2.** ☐ depuis

e. Thomas n'a rien dit .... vingt minutes.

    1. ☐ il y a   **2.** ☐ depuis

f. Il s'est acheté une nouvelle voiture .... une semaine.

    1. ☐ il y a   **2.** ☐ depuis

g. Avec cette grève des bus, Éric se déplace en vélo .... quatre jours.

    1. ☐ il y a   **2.** ☐ depuis

h. Tous les étudiants sont partis en vacances .... quinze jours.

    1. ☐ il y a   **2.** ☐ depuis

Complétez les phrases suivantes avec depuis, dans ou il y a.

(189)

Exemple : Le match a commencé il y a une heure et devrait finir dans trente minutes.

a. Il étudie dans une grande université .... trois ans et il va finir .... un an.

b. La séance commence .... cinq minutes mais nous sommes arrivés .... un quart d'heure.

c. .... vingt-cinq minutes que Luc discute avec une amie qu'il n'a pas vue .... trois ans.

d. Thomas collectionne les lunettes de soleil .... deux ans. .... six jours, un passionné a voulu lui acheter toute sa collection.

e. .... une semaine, c'est la canicule mais .... quelques jours la météo a prévu une baisse de la température.

f. Le cours a commencé .... dix minutes mais .... trois minutes que je viens d'arriver.

g. .... quatre jours que nous avons reçu la réponse à la lettre que nous avions écrites .... un mois.

h. .... deux jours qu'il est tombé malade et .... ces deux jours, il ne veut pas quitter sa chambre. Si .... trente secondes il ne répond pas, j'appelle un médecin.

Complétez les phrases à l'aide des éléments suivants : depuis, pendant, en, il y a, pour, dans.

(190)

Exemple : Luc et Thomas ont joué au football pendant une heure, hier soir.

a. M. Dusentier est le doyen de notre société ; il y travaille .... plus de vingt ans.

b. Paula a étudié le français .... de longues années ; maintenant elle se débrouille bien.

c. Les étudiants du collège de Leeds ont fait un fantastique voyage en France .... 2004.

d. Nous avons à peine parcouru la moitié du trajet ! Nous en avons encore .... une heure !

e. Éric vient tout juste d'être élu délégué de classe .... l'année. Génial !

f. Les élèves ont terminé le test .... quinze minutes.

g. « Je suis absent pour le moment. Je reviens .... dix minutes. » Luc.

h. Encore ! Nous avons déjà vu ce film .... un mois !

Complétez les phrases à l'aide des éléments suivants : depuis, dans, il y a, en, pour, pendant.

(191)

Exemple : Dans une semaine, il va partir en Chine pour six mois.

a. Le professeur de Lettres est absent .... un mois mais il sera là .... moins d'une semaine.

La situation dans le temps : origine et durée de l'action

b. .... trois semaines que le professeur d'économie est absent mais le surveillant dit qu'il va se rétablir .... quelques jours.

c. Je viens d'appeler votre collègue .... cinq minutes et il m'a dit de rappeler .... dix minutes ! Alors j'appelle !

d. Elles ont quand même pu discuter .... un court instant mais .... deux minutes, tout était dit.

e. Nous avons aménagé ici .... trois ans et nous restaurons cette vieille bâtisse .... ce temps-là.

f. Il a signé un contrat avec cette entreprise .... quatre années et il doit y rester encore .... deux ans.

g. .... six mois les étudiants travaillent sur un projet qui aboutira .... un an.

h. .... trois semaines, il a plus travaillé que .... ces deux derniers mois !

Reliez les éléments des deux colonnes (plusieurs posibilités)

192

a. Elle n'a pas pris un gramme

b. Il a quitté son bureau

c. Vous n'avez rien mangé

d. Le temps s'est couvert

e. Il a pu s'acheter un sandwich

f. Elle n'était pas revenue ici

g. Je fais des cauchemars terribles

h. Il est rentré

1. en deux minutes.

2. depuis quinze ans.

3. il y a vingt minutes.

4. pendant dix jours !

5. depuis quelques nuits.

6. en six mois !

7. pendant l'entracte.

8. depuis cinq minutes.

Soulignez la bonne proposition.

193

Exemple : Il n'avait pas plu **en/dans/**depuis plus de cinq semaines et c'était la canicule !

a. Il avait dormi **en/pendant/depuis** toute la journée de dimanche.

b. Nous venons d'arriver à l'hôtel ; nous sommes là **pour/en/il y a** trois semaines.

c. Avec le TGV, elles pourraient aller à Paris **pendant/en/depuis** trois heures !

d. Le magasin est fermé aujourd'hui, il sera ouvert **en/pour/dans** deux jours.

e. Luc est rentré du Portugal **en/dans/il y a** deux semaines.

f. Marie est malade **il y a/depuis/pendant** trois jours.

g. Vous avez fait Bordeaux-Biarritz **dans/pour/en** deux heures !

h. Je reviens **il y a/depuis/dans** une semaine ; je suis en congés !

194 Complétez le dialogue suivant. Utilisez dans, en, depuis, il y a, pour, pendant, dès.

ÉRIC : Tu as vu Michèle ces jours-ci ?

LUC : Non, je n'ai pas de nouvelle (1) .... quelques semaines. Et toi ?

ÉRIC : Je l'ai croisée (2) .... quatre ou cinq jours.

LUC : Elle ne devait pas partir (3) .... six mois en Australie ?

ÉRIC : Si, mais elle n'y est restée que (4) .... trois semaines !

LUC : Pourquoi ? Qu'est-ce qu'il s'est passé (5) .... ces trois semaines ?

ÉRIC : (6) .... le premier jour, elle a attrapé une sorte de virus. (7) ....

deux jours elle n'a rien pu manger et (8) .... une semaine, elle était dans un état

assez critique.

LUC : Et elle n'a pas consulté de médecin (9) .... tout ce temps ?

ÉRIC : Si. Elle a pris un rendez-vous (10) .... le quatrième jour. Il lui a donné un trai-

tement (11) .... une semaine et lui a proposé de rester à l'hôpital (12) ....

trois ou quatre jours.

LUC : Et ensuite, elle est revenue en France. Mais, dis-moi, (13) .... les 22 heures de

vol, elle n'a pas eu de problème ?

ÉRIC : En fait, non. Elle a dormi (14) .... pratiquement 20 heures !

LUC : Alors, (15) .... une semaine, elle va comment ?

ÉRIC : Elle va un peu mieux. Mais (16) .... deux jours, elle a dû faire des examens

complémentaires et (17) .... 36 heures, elle aura les résultats de ses analyses.

On saura alors !

LUC : Je l'appellerai (18)..................... demain matin.

Les indéfinis

Les adjectifs indéfinis

➤ Variables

• Singulier
certain(e)
quelque
n'importe quel(le)
tout(e)
même
autre
tel(le)
nul(le)
aucun(e)

• Pluriel
certains(es)
quelques
n'importe quels/quelles
tous/toutes
mêmes
autres
tels/telles

➤ Invariables
chaque (toujours singulier)
plusieurs (toujours pluriel)

Il parle **plusieurs** langues.

Les pronoms indéfinis

• Singulier

• Expression de la quantité nulle
aucun(e)
pas un(e)
personne/nul
rien

• Expression de la totalité
chacun(e)
tout

• Expression de la singularité
un(e) autre
quelqu'un
n'importe lequel
n'importe laquelle
le (la) même
quelque chose
n'importe qui
n'importe quoi

• Pluriel

• Expression de la pluralité
d'autres
quelques-uns/-unes
n'importe lesquels
n'importe lesquelles
les mêmes
plusieurs
certains/certaines

• Expression de la totalité
tous/toutes

Personne ne travaille aujourd'hui.

Tous portent des lunettes.

(195) **Répondez par oui ou non, selon le modèle.**

Exemple : Les livres sont rangés ?
→ Oui, tous les livres sont rangés.
→ Non, tous les livres ne sont pas rangés.

a. Les fleurs sont livrées ?

→ Oui, ...

b. La vaisselle est faite.

→ Non, ...

c. L'exercice est fini ?

→ Oui, ...

d. Les lettres sont postées ?

→ Non, ...

e. Le linge est plié ?

→ Non, ...

f. Les devoirs sont terminés ?

→ Oui, ...

g. Les invités sont arrivés ?

→ Oui, ...

h. Le problème est compris ?

→ Non, ...

(196) **Complétez les phrases suivantes avec tout, tous, toute, toutes.**

Exemple : Ils ont assez bien étudié toute l'année.

a. .... ses amis sont arrivés à l'heure, hier soir.

b. Léa a passé .... sa soirée à travailler.

c. Thomas a commencé à relire .... ses vieilles bandes dessinées.

d. Éric, lui, veut réussir à .... prix, dans la vie !

e. Finalement, ... ça n'a aucune importance.

f. Ce magasin est génial ! Il est ouvert à .... heure !

g. Nadia aimerait voyager .... sa vie et voir beaucoup d'endroits.

h. Il est sérieux ; il s'entraîne .... les jours après son travail.

197 Complétez les phrases suivantes avec tous, toutes, chaque, quelques, certains, certaines.

Exemple : En cas d'alerte, toutes les personnes doivent très vite évacuer les locaux.

a. Pendant les fêtes de Noël, ... les rues de la ville étaient illuminées.

b. Quand je suis entré dans la salle de classe, ... étudiants travaillaient déjà, les autres discutaient.

c. .... amis m'ont écrit pour mon anniversaire.

d. Pour le dîner de ce soir, ... personne doit apporter une spécialité culinaire de son pays.

e. À la fin de l'année, ... les étudiants, sans exception, ont participé au spectacle.

f. Sur cette radio, ... chansons passent en boucle à longueur de journée. C'est fatigant !

g. Avant de sortir, ... appareil doit être nettoyé et rangé. Merci.

h. Cette nuit, à cause du vent, ... branches sont tombées et ont bloqué la route.

198 Complétez ces phrases avec plusieurs, la plupart, aucun, aucune, pas un(e), peu de.

Exemple : Aucun salaire ne sera augmenté !

a. .... de mes copains vont partir cet été ; je vais me sentir bien seul !

b. .... personnes m'ont déjà dit que je ne ressemblais ni à mon père ni à ma mère.

c. .... amie n'a jamais oublié ma date d'anniversaire. C'est vraiment sympa !

d. Finalement, ... gens acceptent de travailler le dimanche !

e. Durant cette dernière grève, ... train n'a circulé !

f. Dans cet accident, ... des blessés sont très choqués.

g. .... personne n'a osé le contredire !

h. .... personnes ont déjà traversé l'Atlantique à la rame !

199 Reliez les éléments des deux colonnes.

a. Lors de ma fête,   1. plusieurs camarades m'ont rendu visite.
b. Pendant mon stage de langue,   2. quelques personnes ont manifesté leur impatience.
c. Le dimanche, en France,   3. la plupart des étudiants sont devenus des amis.
d. Lorsque j'étais malade,   4. certains élèves n'ont pas bien compris.
e. Au dernier cours,   5. chaque personne devra faire un exposé.
f. Dans quelques années,   6. tous mes copains sont venus.
g. Le mois prochain,   7. aucune voiture ne polluera plus !
h. Après une heure d'attente,   8. peu de magasins sont ouverts.

Soulignez le mot tous (pronom) quand on doit prononcer le « s » final.

200

Exemple : Tous nos enfants vont partir en vacances.
Les textes de Serge Gainsbourg sont géniaux ; je les aime <u>tous</u>.

a. Ils reviennent tous les jours à la même heure.

b. Ses camarades de classe sont tous venus le voir jouer.

c. Les invités étaient tous restés très tard, ce soir-là.

d. Tous lui ont offert un présent le jour de son anniversaire.

e. En février, Léa part faire du ski tous les week-ends.

f. Avec mon frère, tous les mercredis, on va au cinéma.

g. Durant la tempête, les arbres étaient tous tombés.

h. Les films de Lelouch ? Je les aime tous !

Répondez aux questions et transformez selon le modèle. Utilisez tout, tou<u>s</u> (prononciation du s), toutes.

201

Exemple : Les étudiants ont pris les manuscrits ?
→ Oui, ils les ont tou<u>s</u> pris.
→ Non, ils ne les ont pas tou<u>s</u> pris.

a. Tu as les billets ?

→ Oui, ...

b. Tu auras lu les articles pour demain ?

→ Oui, ...

c. Vous avez besoin de ces dossiers ?

→ Oui, ...

d. Tu as fait les réservations ?

→ Non, ...

e. Ils sont là ?

→ Non, ...

f. Tes amies viendront ?

→ Oui, ...

g. C'est en ordre ?

→ Oui, ...

h. Tu utilises ces stylos ?

→ Non, ...

Complétez les phrases suivantes avec peu, aucun(e), pas un(e), la plupart, plusieurs, beaucoup.

202

Exemple : De toutes les mesures prises par le gouvernement, aucune ne fait vraiment l'unanimité.

a. Quand nous sommes revenus de balade, ... n'a regretté cette sortie.

b. Dans les rapports de voisinage, ... ne s'intéressent pas aux autres.

c. Parmi tous mes amis, ... n'a encore visité la Chine.

d. Vous avez donné pas mal d'éléments d'information dans votre exposé, ... étaient très intéressants.

e. Éric et ses amis doivent choisir un film mais .... n'arrive à se décider.

f. À la réunion de parents d'élèves, tous les parents sont venus ; .... n'a manqué.

g. Les gens veulent réaliser de grandes choses mais .... réussissent.

h. Parmi les joueurs de l'équipe de France de football, championne du monde en 1998, ... sont partis à la retraite.

Reliez les éléments des deux colonnes.

203

a. Depuis mon arrivée, je n'ai pas envoyé de cartes ; —————————————

b. Après la visite du musée,

c. Pendant le spectacle, les gens étaient mécontents

d. Prenez, par exemple, le chocolat ;

e. Les étudiants ont été voir les résultats,

f. Léa a reçu plein de bouquets de fleurs,

g. Paul a exposé ses idées,

h. Sur tous les compétiteurs qui participent à cette course,

1. pas un n'était petit !

2. aucun n'était déçu.

3. quelques-unes sont assez bonnes.

4. certains l'aiment, d'autres pas !

5. tous étaient reçus à l'examen.

6. donc, j'en écris quelques-unes.

7. peu établiront un record !

8. et la plupart sont rentrés chez eux !

Complétez les phrases suivantes à l'aide de tous, toutes, beaucoup, certains, certaines, quelques-uns, quelques-unes, chacun (parfois plusieurs possibilités).

204

Exemple : Grâce au téléphone portable, chacun est libre de communiquer comme il le veut et quand il le veut.

a. Luc a contacté des entreprises pour son stage d'été ; .... ont répondu : c'est rare !

b. J'ai entendu des gens qui parlaient de politique et .... pensent qu'il reste encore du travail à accomplir !

c. Pendant la discussion, ... n'étaient pas d'accord avec moi mais d'autres ont approuvé !

d. Parmi tous les livres que j'ai lus, ... m'ont vraiment passionné.

e. Pour se rendre au cinéma, ... a choisi un moyen de transport différent.

f. Éric m'a prêté quelques disques ; je les aime .... sans exception !

g. Toutes ces chaussures sont absolument géniales mais .... sont vraiment hors de prix !

h. Parmi les bandes dessinées que je possède, ... sont certainement des pièces de collection.

C. Pronoms indéfinis tous types

Complétez avec tout, tous, toute, toutes et soulignez-les quand ils sont pronoms.

(205)

Exemple : – Les valises sont pleines ? – Non, elles ne sont pas <u>toutes</u> pleines.
– La bibliothèque est ouverte ? – Oui, tous les jours, sauf le dimanche.

a. – Il vient souvent dans ce café ? – Oui, il y vient .... les semaines.

b. – Vous vous voyez régulièrement ? – Oui, nous nous voyons .... les jours !

c. – Tu dessines souvent ? – Non, je ne dessine pas .... le temps !

d. – Vous avez des albums de Benabar ? – Oui, mais je ne les ai pas ....

e. – Vos camarades de classe viendront samedi soir ? – Oui, elles viendront ....

f. – Alors, Durand ! Le dossier est complet ? – Oui, ... a été fait.

g. – Vous allez l'attendre longtemps ? – Oui, ... la nuit, peut-être !

h. – Vous avez envoyé les invitations ? – Non, mais je peux .... vous expliquer !

Cochez la bonne proposition.

(206)

Exemple : Acheter une maison au fond des bois, ... serait son désir !
    1. ☑ tel   2. ☐ nul

a. Il a pris sa décision et .... ne peut le faire changer d'avis.
    1. ☐ quiconque   2. ☐ rien

b. Le directeur expliquera sa position à .... veut l'entendre.
    1. ☐ quiconque   2. ☐ n'importe qui

c. Marie apprécie plutôt les gens ouverts, ... ne l'intéressent pas vraiment.
    1. ☐ les autres   2. ☐ rien

d. Quand j'ai vu la jupe de Lucie, j'ai voulu ....

    1. ☐ n'importe qui   **2.** ☐ la même

e. C'est une grande responsabilité et .... ne peut pas le faire.

    1. ☐ n'importe qui   **2.** ☐ n'importe quoi

f. Il est parti sans rien dire et .... n'a compris pourquoi !

    1. ☐ nul   **2.** ☐ rien

g. Arrêtez de dire ...., c'est fatigant !

    1. ☐ n'importe quoi   **2.** ☐ rien

h. Il n'y a pas de solution immédiate, ... est ma conclusion !

    1. ☐ la même   **2.** ☐ telle

Reliez les éléments suivants.

207

a. Vous pensez que tout le monde a compris ?

b. Tu as vu quelqu'un ?

c. Tout le monde est là ?

d. Tu lui as donné ton numéro !

e. Tu crois qu'ils vont l'exclure du terrain ?

f. Qu'est-ce qu'il se passe ?

g. Où je me mets ?

h. Je ne connaissais pas cette loi !

1. Non, il manque quelqu'un.

2. Malheur à quiconque transgresse le règlement !

3. Rien. Quelque chose ne tourne pas rond.

4. Certains ont compris, d'autres pas.

5. Non, je ne le donne pas à n'importe qui !

6. Installe-toi quelque part !

7. Nul n'est supposé l'ignorer !

8. Non, je n'ai vu personne.

Écrivez le contraire des propositions suivantes. Utilisez rien, personne, aucun, nul.

208

Exemple : Tout est calme. → Rien n'est calme.

a. Tout est compris ?   → ....

b. Tout le monde est là !   → ....

c. Elle en prend plusieurs.   → ....

d. Toujours tout dire.   → ....

e. Elle a vu quelqu'un.   → ....

f. Quelqu'un est entré.   → ....

g. Tout le monde répond.   → ....

h. Tout l'intéresse.   → ....

Reliez les éléments des deux colonnes.

a. Combien de livres devez-vous lire ?

b. Vous avez déjà vu des films en espagnol ?

c. Vous avez lu des livres de Cervantès ?

d. Vous comprenez bien la radio espagnole ?

e. Vous connaissez des Espagnols ?

f. Il y a quelqu'un de votre famille en Espagne ?

g. Avez-vous commencé vos cours d'espagnol ?

h. Vous aimez les œuvres de Dali ?

1. Oui, mais pas tous.

2. Non, rien.

3. Non, personne.

4. Plusieurs.

5. Oui, certains.

6. Certaines.

7. Non, aucun.

8. Oui, quelques-uns.

Bilan

À l'aide du tableau, complétez le texte suivant en utilisant des adjectifs indéfinis et des pronoms indéfinis.

Activités des hommes et des femmes pratiquées au cours des douze derniers mois (% des personnes de plus de quinze ans) :

	Hommes		Femmes	
	Ont pratiqué	Pratiquent	Ont pratiqué	Pratiquent
Jouer aux cartes, aux jeux de société	51	20	54	21
Jouer aux jeux électroniques	18	7	14	5
S'occuper de la mobylette, moto	55	35	24	11
Aller à la pêche	20	6	8	1
Aller à la chasse	6	3	1	0
Se promener dans les espaces verts	68	29	72	32
Faire du jogging	23	12	13	6
Faire des « bon petits plats »	32	16	66	40
Faire du tricot, de la couture	0	0	22	10

D'après Francoscopie 2003.

De façon générale, on observe, dans ce tableau, que (1) .... des hommes et des femmes aiment se promener dans la nature et que (2) .... se réservent pour le tarot ou le scrabble.

Pour les autres activités, (3) .... sont assez bien représentées ; (4) .... hommes préfèrent le jogging, d'(5) .... la « game boy » ! Côté femmes, (6) .... aiment aussi le jogging mais (7) .... passent leur temps avec « Tomb Raider » !

À part les promenades, (8) .... des femmes font la cuisine (ou aiment la faire) pendant que (9) .... d'hommes s'intéressent à la mécanique. (10) .... d'entre eux pratiquent la chasse ou la pêche et (11) .... femme ne court après le gibier !

De leur côté, (12) .... homme ne pratique de travaux d'aiguille alors que, au contraire, (13) .... femmes confectionnent écharpes et bonnets.

Finalement, la cuisine, le Trivial Poursuite et respirer l'air pur restent pour (14) .... de femmes les principales activités. (15) .... ont des occupations différentes comme le tricot ou les jeux quand (16) .... affectionnent particulièrement le sport ou les réparations.

Pour les garçons, les principales activités sont les balades, la mécanique et la belote ; (17) .... ne vont pas chasser ou pêcher, (18) .... n'enfile d'aiguille et (19) .... seulement adorent leur console de jeu ou les préparations culinaires.

Voilà une représentation statistique des activités d'une (20) .... catégorie de personnes où (21) .... et (22) .... peut pratiquer sa passion.

Le passif

Rappel

Voix active :   Gustave Eiffel a conçu la tour Eiffel.

Voix passive :   La tour Eiffel a été conçue par Gustave Eiffel.

Soulignez les formes passives.

211

Exemple : Lucie est tombée sur un gros problème.
Ce genre d'attitude <u>est</u> très <u>encouragé</u>, en général.

a. Le projet est adopté par l'ensemble de la classe.

b. Toutes les filles sont étonnées du travail des garçons !

c. Elles sont revenues de vacances hier.

d. La situation est complètement maîtrisée par les personnels compétents.

e. Les jeunes filles sont arrivées par le train de 6 heures 10.

f. Une grève est annoncée pour le début de la semaine prochaine.

g. Les stagiaires sont conduits dans leur classe.

h. En ville, la voix de droite est réservée au bus.

Cochez les phrases écrites à la voix passive.

212

Exemple : Ils se sont parlé pendant deux heures au téléphone. ☐
Les étudiants sont reçus par le directeur de l'école. ☑

a. Dans cette salle de cinéma, le public de moins de seize ans n'est pas admis. ☐

b. Les élèves sont inscrits pour le concours d'orthographe de français. ☐

c. Tous les sièges du premier rang sont occupés. ☐

d. Pour plus de sécurité, certaines décisions ont été prises. ☐

e. Le dernier jour de classe, tout le monde est pressé de partir. ☐

f. La Constitution européenne est adoptée par l'ensemble des représentants des différents états. ☐

g. La rencontre de rugby France-Angleterre est retransmise à la télévision ce soir. ☐

h. Léa est décidée à partir quinze jours à Florence. ☐

Mettez ces phrases à la voix passive.

213

Exemple : Le chat mange la souris. → La souris est mangée par le chat.

a. Le professeur corrige le travail des étudiants.

→ ....

b. Luc et Léa trient des dossiers.

→ ....

c. Les étudiants organisent un concert.

→ ....

d. Éric réserve toujours cette table !

→ ....

e. Les Martin habitent encore cette maison.

→ ....

f. Dans ce restaurant, on n'accepte pas les chèques.

→ ....

g. Des panneaux indiquent la bonne direction.

→ ....

h. Le directeur propose une autre solution.

→ ....

Transformez à la voix active selon le modèle.

(214)

Exemple : Marie est invitée. → On invite Marie.

a. La maison est nettoyée.

→ ....

b. Le sol est balayé.

→ ....

c. Les assiettes sont essuyées.

→ ....

d. La poussière est faite.

→ ....

e. Les vitres sont lavées.

→ ....

f. Le repas est préparé.

→ ....

g. Le couvert est mis.

→ ....

h. L'invitée est attendue.

→ ....

Mettez les phrases suivantes à la voix active.

215

Exemple : La réunion de ce soir est annulée. → On annule la réunion de ce soir.
La fête de samedi est organisée par Luc et Léa. → Luc et Léa organisent la fête de samedi.

a. Cet espace vert est conservé.

→ ....

b. Toutes les consignes sont notées par les étudiants.

→ ....

c. Des prospectus sont distribués à l'entrée du collège.

→ ....

d. La pétition est signée par beaucoup de personnes.

→ ....

e. Le décollage de l'avion est retardé à cause de fortes rafales de vent.

→ ....

f. Luc est interrogé par le professeur.

→ ....

g. Un système provisoire de remplacement est finalement trouvé.

→ ....

h. Toutes les candidatures ne sont pas retenues pour ce poste.

→ ....

Transformez à la voix passive. Attention à bien prendre en compte le moment de l'action exprimé par le verbe.

216

Exemple : On est sur le point de finir la réunion. → La réunion est sur le point d'être finie.

a. On vient d'inaugurer le musée des Arts Contemporains.

→ ....

b. On est en train de diffuser le concert à la radio.

→ ....

c. Prochainement, on va ouvrir une nouvelle salle d'exposition.

→ ....

d. On est en train de construire une deuxième piste cyclable !

→ ....

e. On est sur le point de recueillir le témoignage de tous ceux qui ont vu l'accident.

→ ....

f. On commence à interpeller systématiquement les automobilistes en excès de vitesse.

→ ....

g. On vient d'élire un nouveau Président de la République.

→ ....

h. On va bientôt changer toutes les vieilles lignes de train.

→ ....

(217) Transformez les titres de journaux en phrases à la voix passive.

Exemple : Arrestation des deux cambrioleurs de la bijouterie de la place Vendôme.
→ Les deux cambrioleurs de la bijouterie de la place Vendôme ont été arrêtés.

a. Découverte d'une nouvelle planète lointaine.

→ ....

b. Réduction de la vitesse des véhicules en ville.

→ ....

c. Agrandissement du collège Paul Verlaine.

→ ....

d. Augmentation du prix de l'essence à la pompe.

→ ....

e. Contrôle des téléchargements de musique sur Internet.

→ ....

f. Présentation du dernier modèle de chez Peugeot.

→ ....

g. Signature de nouveaux accords de paix.

→ ....

h. Inauguration hier du pont de Millau.

→ ....

C. Passif tous temps/tous modes

(218) Mettez les phrases suivantes à la voix passive.

Exemple : Éric effectuera un stage d'été. → Un stage d'été sera effectué par Éric.

a. Le conseiller d'orientation convoquera Éric.

→ ....

b. Éric prendra une décision.

→ ....

c. Il choisira plusieurs entreprises.

→ ....

d. On contactera Éric pour un entretien.

→ ....

e. On lui demandera des informations.

→ ....

f. On l'informera du travail à accomplir.

→ ....

g. Une société embauchera Éric pour l'été.

→ ....

h. Cette société le paiera.

→ ....

Récrivez les phrases suivantes à la voix active.

219

Exemple : Ce livre a été écrit par un excellent auteur.
→ Un excellent auteur a écrit ce livre.

a. Tous mes disques ont été empruntés par Thomas.

→ ....

b. J'ai été vraiment déçu par ce restaurant.

→ ....

c. La bonne combinaison du loto n'a été trouvée par personne.

→ ....

d. L'année dernière, une formidable pièce de théâtre a été montée par les élèves.

→ ....

e. Éric a été félicité par ses parents pour l'ensemble de son travail.

→ ....

f. Les étudiants espagnols ont été bien accueillis par les amis de Marie.

→ ....

g. De très bons souvenirs ont été évoqués par chacun.

→ ....

h. Une minute de silence a été observée par tous les établissements.

→ ....

220 Récrivez les phrases suivantes à la voix active. Attention à conserver la négation !

Exemple : Un tel orage n'a pas été prévu !
→ On n'a pas prévu un tel orage !

a. Léa n'a pas été déçue par le dernier Lelouch.

→ ....

b. Malheureusement, tous les problèmes de pollution n'ont pas été résolus.

→ ....

c. Les codes d'accès n'ont plus été modifiés depuis plus de dix jours.

→ ....

d. Depuis cette sombre histoire, la piscine n'a jamais été rouverte.

→ ....

e. Aucun d'entre nous n'a été convoqué par le proviseur du lycée.

→ ....

f. Nous n'avons absolument jamais été avertis par les autorités !

→ ....

g. Son permis de conduire ne lui pas encore été retiré ?

→ ....

h. Vous n'avez jamais été dérangés par ces bruits ?

→ ....

221 Transformez ces phrases à la voix passive ou à la voix active.

Exemples : Dès l'arrivée de la star, la police écartait tous les badauds.
→ Dès l'arrivée de la star, tous les badauds étaient écartés par la police.

Le vieil homme était respecté de tous.
→ Tous respectaient le vieil homme.

a. Quelques jours après le retour du journaliste, le journal publiait un très bon article.

→ ....

b. Très vite, tous les mystères de l'affaire étaient percés par ce jeune enquêteur.

→ ....

c. Ce jour-là, une fête était prévue.

→ ....

d. Avant la signature, les différents chefs d'États envisageaient une ultime rencontre.

→ ....

e. Durant la grève, une bonne partie de l'entreprise était occupée par les grévistes.

→ ....

f. Dans cette affaire, l'avocat de la défense démentait toutes les accusations.

→ ....

g. Nous étions arrivés trop tard ; la maison était déjà louée par d'autres personnes.

→ ....

h. Impossible de trouver une place ; le service d'ordre interdisait tous les accès à la salle de concert.

→ ....

Transformez au plus-que-parfait passif.

(222)

Exemple : La foule avait longtemps scandé son nom.
→ Son nom avait été longtemps scandé par la foule.

a. On n'avait jamais remarqué autant de disfonctionnement dans cette association.

→ ....

b. Les touristes n'avaient pas pu encore apprécier la beauté du site.

→ ....

c. Les enquêteurs avaient finalement retrouvé tous les indices.

→ ....

d. On avait décidément très mal évalué l'ampleur des dégâts.

→ ....

e. La critique avait très largement bien accueilli ce nouveau spectacle.

→ ....

f. Tous les experts avaient donné le même avis.

→ ....

g. On ne vous avait pas prévenu ?

→ ....

h. On n'avait encore rien décidé !

→ ....

Mettez ces phrases à la voix passive. Attention à bien respecter les temps verbaux (conditionnels présent et passé).

223

Exemples : On aborderait différents sujets.
→ Différents sujets seraient abordés.

On aurait pu faire la vaisselle hier.
→ La vaisselle aurait pu être faite hier.

a. On n'aurait jamais dû prendre une telle décision.

→ ....

b. On ne connaîtrait pas les responsables.

→ ....

c. Les autorités auraient condamné tout acte de violence.

→ ....

d. Le directeur aurait excusé l'absence prolongée de Jean.

→ ....

e. L'ensemble des médias critiquerait violemment cette procédure.

→ ....

f. On refuserait ses idées.

→ ....

g. Un chef d'entreprise aurait négocié un très gros contrat.

→ ....

h. On dévoilerait les sentiments de la star dans un magazine.

→ ....

Construisez des phrases à la voix passive à partir des éléments suivants.

224

Exemple : samedi dernier/livrer/ton nouvel ordinateur (passé)
→ Samedi dernier, ton nouvel ordinateur a été livré.

a. la nuit dernière/détourner/un avion (conditionnel passé)

→ ....

b. avant son retour/envoyer en mission au Sénégal/Paul (plus-que-parfait)

→ ....

c. dans les prochains jours/confirmer/cette information (futur simple)

→ ....

d. toutes les chambres/réserver/à cause de Vinexpo (imparfait)

→ ....

e. cette pièce/très bien interpréter (passé)

→ ....

f. sur une chaîne câblée/programmer/une nouvelle émission de jeu (conditionnel présent)

→ ....

g. un nouveau satellite/venir de lancer/Ariane (passé récent)

→ ....

h. un mouvement de grève/aller organiser/les syndicats (futur proche)

→ ....

Bilan

Dans les articles suivants, mettez les verbes entre parenthèses à la voix passive. Puis récrivez les parties colorées à la voix active.

225

Les chercheurs en colère

Il y a moins d'un mois une pétition **(1)** .... (lancer) par les chercheurs français. Ils protestaient contre le manque d'argent qui leur **(2)** .... (verser) par le gouvernement. Déjà, plus de 30 000 signatures **(3)** .... (recueillir) et, désormais, l'alerte **(4)** .... (donner) : trop de chercheurs **(5)** .... (obliger) de partir travailler à l'étranger à cause du manque de moyens. Une manifestation **(6)** .... (prévoir) aujourd'hui dans Paris.

Nairobi, contre les mines antipersonnel

En 1997, un traité **(7)** .... (signer) par 143 pays pour détruire les mines anti-personnel. Depuis, de grands progrès **(8)** .... (faire) et plus de 4 millions de mines **(9)** .... (supprimer) mais, malheureusement, environ 20 000 personnes encore **(10)** .... (blesser) ou **(11)** .... (tuer) chaque année. C'est trop.

Une réunion **(12)** .... (organiser) à Nairobi, au Kenya, pour préciser les actions qui **(13)** .... (annoncer) dans les cinq prochaines années et ainsi réduire le nombre de victimes causées par les mines antipersonnel.

Sécurité routière

Aujourd'hui, les automobilistes **(14)** .... (inviter) à allumer leurs feux de croisement en dehors des villes. Cette mesure **(15)** .... (décider) pour améliorer la visibilité. Ainsi, nous voyons mieux les autres véhicules et, donc, nous **(16)** .... (mieux voir) par les autres quand nos feux **(17)** .... (allumer). L'an dernier, environ 6000 personnes **(18)** .... (tuer) sur les routes de France. Plusieurs centaines de vies **(19)** .... (sauver) si cette nouvelle directive **(20)** .... (adopter) par l'ensemble des automobilistes.

a. ....

b. ....

c. ....

d. ....

e. ....

f. ....

Les pronoms relatifs composés

Préposition + *qui* ou *lequel, lesquels, laquelle, lesquelles* ➤ pour les animés

La femme ne connaît pas la personne **à qui/à laquelle** Paul écrit.

Préposition + *lequel, lesquels, laquelle, lesquelles* ➤ pour les inanimés

Le directeur trouve que le bureau **sur lequel** Stéphane travaille est bien rangé.

Préposition + *quoi* ➤ quand l'antécédent est un pronom neutre (*ce, quelque chose...*)

Le jeune homme ne comprend pas ce à **quoi** Juliette pense.

Transformez les phrases à l'aide des pronoms relatifs suivants : auquel, à laquelle, auxquels, auxquelles.

226

Exemple : J'aimerais bien répondre à cette question.
→ C'est une question à laquelle j'aimerais bien répondre.

a. Tu devrais réfléchir à ce problème.

→ ....

b. Nous avons déjà écrit à ces entreprises.

→ ....

c. Il n'a pas pensé à ces inconvénients.

→ ....

d. Vous devriez vous référer à ces livres.

→ ....

e. Nous aurions pu participer à ce concours.

→ ....

f. Elle ne doit pas s'attendre à cette surprise.

→ ....

g. Nous avons renoncé à cette affaire.

→ ....

h. Je me suis heurté à de grandes difficultés.

→ ....

Reliez les éléments suivants.

227

a. La voiture		**A.** il fallait faire attention !
b. Le film	**1.** auquel	**B.** il a envoyé son CV est en faillite.
c. Tu n'as pas lu les phrases		**C.** tu fais allusion est génial !
d. Les garages	**2.** auxquels	**D.** nous allons a de bonnes critiques.
e. La société		**E.** il se réfère est de Sartre.
f. Le spectacle	**3.** à laquelle	**F.** vous avez participé sont finies ?
g. La citation		**G.** je pense me plaît bien !
h. Les recherches	**4.** auxquelles	**H.** j'ai confié ma moto sont de toute confiance.

228 Complétez les phrases suivantes avec **auquel**, **à laquelle**, **auxquels**, **auxquelles**, **à qui**.

Exemple : Ce sont des événements auxquels on n'est jamais vraiment préparé.

a. J'ai revu cette fille .... tu avais donné ton numéro de téléphone.

b. Léa a vendu tous les disques .... elle était attachée.

c. Ils ont cessé toutes les activités .... ils s'étaient inscrits.

d. Elle est heureuse de retrouver le garçon .... elle est en train de parler.

e. La vieille maison .... tu tenais a été détruite.

f. Le projet .... tu t'es opposé est finalement rejeté.

g. La plaisanterie .... ils ont ri était franchement amusante.

h. J'ai rencontré le professeur .... je dois ma passion pour la linguistique.

229 Cochez le ou les bon(s) élément(s).

Exemple : Ce sont des paroles .... on peut se fier.
    1. ☐ à qui   **2.** ☑ auxquelles

a. L'étudiant .... j'ai demandé une information ne parlait pas français.
    1. ☐ à qui   **2.** ☐ auquel

b. Ce bilboquet est un objet .... je tiens énormément.
    1. ☐ à qui   **2.** ☐ auquel

c. La fête .... je vous invite finira sûrement tard.
    1. ☐ auquel   **2.** ☐ à laquelle

d. C'est une chose .... je n'accorde aucune importance !
    1. ☐ à qui   **2.** ☐ à laquelle

e. Tiens ! C'est le joueur .... j'ai souhaité bonne chance.
    1. ☐ à qui   **2.** ☐ auquel

f. Lucie, c'est une fille .... il est impossible de faire confiance !
    1. ☐ à qui   **2.** ☐ à laquelle

g. Dis-moi, ce ne sont pas les filles .... nous avons payé un soda hier ?
    1. ☐ à qui   **2.** ☐ auxquelles

h. Tu n'es pas le premier .... il a répété cette histoire !
    1. ☐ à qui   **2.** ☐ auquel

Reformulez chaque couple de phrases en une seule phrase en utilisant le pronom relatif approprié.

230

Exemple : Lisa est une étudiante. Mon voisin a loué une chambre à cette étudiante.
→ Lisa est une étudiante à qui mon voisin a loué une chambre.

a. Ce sont des places réservées. Vous n'avez pas droit à ces places.

→ ....

b. C'est cette femme. Il a tout répété à cette femme.

→ ....

c. Voici le directeur. Nous avons remis notre démission à ce directeur.

→ ....

d. Ce sont des demandes. Elles sont obligées de répondre à ces demandes.

→ ....

e. C'est une décision. Je m'oppose à cette décision.

→ ....

f. Voici un ordre. Il doit obéir à cet ordre.

→ ....

g. Je reconnais les pigeons. Nous avons déjà jeté du pain à ces pigeons.

→ ....

h. Lui, c'est le voisin. J'ai laissé quelques livres à ce voisin.

→ ....

Remettez les mots dans l'ordre pour reconstituer les phrases.

231

Exemple : commerçants/nous/eu/Les/affaire/étaient/auxquels/avons/gentils/.
→ Les commerçants auxquels nous avons eu affaire étaient gentils.

a. avons/des/on/s'/appris/nouvelles/./ne/Nous/pas/auxquelles/attendait

→ ....

b. tant/./à/a/montre/perdu/il/laquelle/la/Luc/tenait

→ ....

c. donné/rien/un/Le/je/prof/auquel/./comprends/ne/a/exercice

→ ....

d. auxquels/faire/Voici/référence/tu/les/dois/documents/.

→ ....

Les pronoms relatifs composés

e. ./voudrais/bon/Il/aller/y/concert/un/a/auquel/je

→ ....

f. une/pouvez/à/est/./répondre/vous/question/C'/laquelle

→ ....

g. est/lui/été/Les/il/ont/auxquelles/élections/fatales/s'/./présenté

→ ....

h. objets/tu/./sont/Les/t'/intéresses/fascinants/auxquels

→ ....

B. *Lequel, laquelle, lesquels, lesquelles*

Récrivez ces phrases avec un des pronoms relatifs suivants : lequel, laquelle, lesquels, lesquelles.

(232)

Exemple : Lucie ne peut pas sortir sans ce chapeau.
→ C'est un chapeau sans lequel Lucie ne peut pas sortir.

a. J'ai vraiment passé une bonne soirée dans ce restaurant.

→ ....

b. Il n'y a aucune circulation sur cette route.

→ ....

c. Je n'aime pas passer sous ces arbres pendant l'orage.

→ ....

d. Mon chat se cache toujours derrière ce meuble.

→ ....

e. Nous avons adoré nous balader à travers ces vieilles rues.

→ ....

f. Elle apprécie toujours de se retrouver parmi ses amis.

→ ....

g. Nous trouvons confortable de nous asseoir sur ce canapé.

→ ....

h. Éric doit économiser pour ce fameux voyage !

→ ....

Reliez les éléments suivants.

233

a. Le sujet
b. La chambre
c. Les films
d. La photo
e. Le vélo
f. Le verre
g. La société
h. Les affaires

1. sur
2. dans
3. avec

A. lequel je suis venu appartient à mon frère.
B. lequel j'ai bu était sale.
C. lequel tu travailles est sérieux.
D. lesquelles je suis sont complexes.
E. laquelle je travaille a renouvelé mon contrat.
F. laquelle tu as dormi a été refaite.
G. laquelle je suis a été prise il y a deux ans.
H. lesquels joue Jean Reno sont tous bons.

Complétez les phrases suivantes en vous aidant de ces propositions : avec lequel, avec laquelle, sur lequel, sur laquelle, sans lequel, sans lesquelles, dans laquelle, dans lesquels, contre lequel.

234

Exemple : C'est un médicament sans lequel tu ne pourrais pas guérir.

a. Luc est un garçon .... j'adore discuter.

b. Voici les documents............................ vous trouverez toutes les informations nécessaires.

c. Donne-moi mon agenda .... j'ai noté mes rendez-vous.

d. Regarde ! C'est un arbre .... une voiture a dû percuter !

e. Ça, c'est la moto .... nous sommes partis l'été dernier.

f. Ce sont des démarches importantes .... vous ne pourriez pas entrer à l'université.

g. Voici la lettre .... Luc écrit que tout va bien.

h. Marie est une fille .... on peut compter.

Cochez les bonnes propositions.

235

Exemple : Le hip-hop est une musique .... j'adore danser.
    1. ☑ sur   3. ☐ lequel
    2. ☐ dans   4. ☑ laquelle

a. Je te prête le livre .... il y a des informations sur l'effet de serre.
    1. ☐ sur   3. ☐ lequel
    2. ☐ dans   4. ☐ laquelle

b. Le sujet .... j'ai été interrogé était difficile.
    1. ☐ avec   3. ☐ lequel
    2. ☐ sur   4. ☐ laquelle

c. Ça, c'est la maison ……… ……… nous avons passé notre enfance.

    1. ☐ sous   3. ☐ lequel

    2. ☐ dans   4. ☐ laquelle

d. Écoute ! C'est la chanson ……… ……… nous avons chanté hier.

    1. ☐ avec   3. ☐ lequel

    2. ☐ sur   4. ☐ laquelle

e. Lave les casseroles ……… ……… tu as préparé le repas.

    1. ☐ avec   3. ☐ lesquels

    2. ☐ dans   4. ☐ lesquelles

f. Tu me rendras les cassettes ……… ……… j'ai enregistré le concert de Luke.

    1. ☐ sur   3. ☐ lesquels

    2. ☐ dans   4. ☐ lesquelles

g. Ce sont les vêtements ……… ……… il est sorti hier soir ?

    1. ☐ avec   3. ☐ lesquels

    2. ☐ sans   4. ☐ lesquelles

h. Dans le journal on relate les faits ……… ……… tout le monde accuse cet homme.

    1. ☐ avec   3. ☐ lesquels

    2. ☐ pour   4. ☐ lesquelles

À partir des couples de phrases, faites une seule phrase au moyen d'un pronom relatif.

(236)

Exemple : Cette voiture est une véritable occasion. Il faut sauter sur cette occasion.
→ Cette voiture est une véritable occasion sur laquelle il faut sauter.

a. Le candidat a un bon programme. Il sera peut-être élu pour ce programme.

→ ……

b. Luc a assisté à une réunion. Il s'est ennuyé pendant cette réunion.

→ ……

c. Thomas a des exercices. Il bute sur ces exercices.

→ ……

d. Ce sont des propositions. Nous nous élevons contre ces propositions.

→ ……

e. Ça, c'est mon oreiller. Je ne peux jamais m'endormir sans cet oreiller.

→ ....

f. Je vous présente l'équipe. Je n'aurais rien réalisé sans cette équipe.

→ ....

g. C'est une histoire incroyable. Le principal accusé n'a jamais rien révélé sur cette histoire.

→ ....

h. Il m'a présenté des collègues. Il a travaillé dix ans avec ces collègues.

→ ....

Remettez ces phrases dans l'ordre.

(237)

Exemple : il/La/combat/est/pas/dans/catégorie/facile/laquelle/n'/.
→ La catégorie dans laquelle il combat n'est pas facile.

a. de/nouvelles/a/./avons/mauvaises/lettre/laquelle/reçu/Nous/dans/y/une/il

→ ....

b. souhaite/une/laquelle/un/Léa/bon/elle/carte/anniversaire/./sur/envoyé/te/a

→ ....

c. des/on/famille/sur/peut/photos/./voir/toute/Voici/lesquelles/ma

→ ....

d. vous/ces/vos/dans/!/mettrez/enveloppes/lettres/Prenez/lesquelles

→ ....

e. Jean Reno/pour/il/un/lequel/un/a/d'/venu/prix/film/obtenu/./présenter/est/interprétation

→ ....

f. le/lequel/ai/est/tache/C'/j'/une/pull/sur/fait/.

→ ....

g. en/./ne/es/la/pas/pour/comprends/Je/tu/colère/raison/laquelle

→ ....

h. durant/nombreux/de/sont/est/tempête/laquelle/terminée/La/tombés/./arbres

→ ....

Les pronoms relatifs composés

C. Duquel, de laquelle, desquels, desquelles

Transformez ces phrases à l'aide d'un des pronoms relatifs suivants : duquel, de laquelle, desquels, desquelles.

238

Exemple : J'aimerais bien m'asseoir à côté de cette jolie jeune fille.
→ C'est une jolie jeune fille à côté de laquelle j'aimerais bien m'asseoir.

a. Nous habitons près de ce petit bois.

→ ....

b. Elle ne veut plus vivre loin de toutes ces personnes.

→ ....

c. Vous devrez réfléchir à partir de ces différentes données.

→ ....

d. Ils s'amusent toujours en bas de cet immeuble.

→ ....

e. Elles vont prendre un studio en face de la gare.

→ ....

f. Tu rangeras tes chaussures au-dessous de ces étagères.

→ ....

g. Le bébé s'est réveillé à cause de ce bruit bizarre.

→ ....

h. Il ne faut pas que vous traversiez en dehors de ces limites.

→ ....

Complétez chaque phrase à l'aide d'une locution prépositionnelle et d'un pronom relatif.

239

Locutions prépositionnelles	+	Pronoms relatifs

à l'angle (de)	auprès (de)	duquel
à propos (de)	à l'attention (de)	de laquelle
en haut (de)	au sujet (de)	desquels
à l'intérieur (de)	au-dessus (de)	desquelles
le long (de)		

Exemple : Le col en haut duquel nous avons grimpé se situait à 1850 m d'altitude.

a. Regarde, c'est l'article .... je t'avais parlé.

b. Il y a des problèmes .... elle voudrait vous entretenir.

c. Elle a d'excellentes relations avec les gens .... elle habite.

d. Il semble qu'il existe des voitures .... tu n'entends absolument pas le moteur.

e. Je vais te montrer une petite route .... j'adore me balader.

f. Dans sa maison de campagne, il y a une cheminée .... nous pourrons nous réchauffer.

g. Tiens, prends à droite ! C'est la rue .... Luc habite.

h. Voici les adresses des personnes .... j'ai adressé ma candidature.

Complétez les phrases de droite avec duquel, desquels, de laquelle, desquelles et reliez les éléments des deux colonnes.

240

a. Nous avons visité un château

b. J'ai retrouvé l'article

c. Léa a regroupé les livres

d. Il avait imaginé des solutions

e. Ils étaient allés à la tour Eiffel

f. Tous étaient restés dans le chalet

g. Les badauds s'arrêtaient et regardaient la victime

h. Il y avait un épais brouillard

1. à partir desquels elle va faire un exposé.

2. en haut .... ils avaient déjeuné.

3. au travers .... on ne voyait rien.

4. à l'intérieur................. tout était très rustique.

5. à l'égard .... ils éprouvaient de la compassion.

6. à propos .... j'avais parlé.

7. en dehors .... il devenait impossible de sortir.

8. autour............ les conférenciers discutaient.

Complétez les phrases à l'aide des éléments suivants : à proximité duquel, au bout desquelles, en haut duquel, au milieu desquels, sur le dos desquels, le long de laquelle, au cours de laquelle, à la fin desquels, au terme duquel.

241

Exemple : Le sommet en haut duquel nous étions, nous permettait d'apprécier un merveilleux panorama.

a. La réunion........................... le Directeur a annoncé son plan social a été très mouvementée.

b. Dans le désert australien, tu peux prendre des pistes........................... tu ne trouves plus rien.

c. L'artiste a chanté de très beaux textes........................... le public s'est levé pour applaudir.

d. Bordeaux est une ville du sud-ouest........................... coule la Garonne.

e. Il a vendu son terrain .... une décharge va être construite.

f. Ce sont des étangs .... vivent quelques espèces rares d'oiseaux migrateurs.

g. C'était un repas fantastiquement bon .... tout le monde a chanté.

h. Nous avions pris des chevaux .... nous parcourions 30 km par jour.

D. Dont/Duquel/Lequel

Reliez les éléments des trois colonnes.
242

a. Voici le bateau à bord

b. Je te présente Éric

c. Lui, c'est l'acteur

d. Elle s'entraîne dans un bois près

e. C'est le pont du haut

f. Ils présentent un travail

g. Là, il y a un couloir au bout

h. J'habite un studio

1. dont

2. duquel

A. tout le monde parle.

B. j'ai refait toute la peinture.

C. ils ont sauté à l'élastique.

D. tu as ta chambre.

E. nous partirons en croisière.

F. ils sont très fiers.

G. elle habite depuis six mois.

H. le père travaille avec le mien.

Cochez la bonne proposition.
243

Exemple : Tu vas voir ; dans la rue, tu tomberas sur un restaurant japonais en face .... se trouve le marchand de journaux.

    1. ☐ dont   **2.** ☑ duquel   **3.** ☐ lequel

a. L'artiste peintre n'a pas pu finir le tableau pour .... il avait pourtant était payé.

    1. ☐ dont   **2.** ☐ duquel   **3.** ☐ lequel

b. Voici une photo de mon grand-père .... j'ai hérité le violon.

    1. ☐ dont   **2.** ☐ duquel   **3.** ☐ lequel

c. Il existe un joli parc près .... j'aimerais bien louer un appartement.

    1. ☐ dont   **2.** ☐ duquel   **3.** ☐ lequel

d. Vous pouvez difficilement accepter des objets des personnes .... vous ne savez rien.

    1. ☐ dont   **2.** ☐ duquel   **3.** ☐ lequel

e. Tim doit absolument rentrer dans son pays loin .... il ne supporte plus d'être.

    1. ☐ dont   **2.** ☐ duquel   **3.** ☐ lequel

f. Le vieil homme m'avait longuement parlé de son chien sans .... il se sentait désormais bien seul.

    1. ☐ dont   **2.** ☐ duquel   **3.** ☐ lequel

g. Luc m'a confié un livre .... j'ai commencé à lire les premières pages.

     1. ☐ dont   **2.** ☐ duquel   **3.** ☐ lequel

h. Thomas a récupéré le carnet sur .... il venait d'inscrire de précieux renseignements.

     1. ☐ dont   **2.** ☐ duquel   **3.** ☐ lequel

E. Pronoms relatifs tous types (simples et composés)

Faites des phrases avec un pronom relatif (simple ou composé) à partir des propositions suivantes.

244

Exemple : J'ai déjà vu ce film des dizaines de fois !
→ C'est un film que j'ai déjà vu des dizaines de fois !

a. Tu ne peux pas monter sur cette échelle !

→ ....

b. Vous n'avez pas besoin de cet outil !

→ ....

c. Elle n'a jamais lu cet article !

→ ....

d. Ces étudiants travaillent vraiment bien !

→ ....

e. Vous ne pouvez pas partir sans ces papiers !

→ ....

f. Cette actrice fera une très grande carrière !

→ ....

g. Nous sommes tous en train de discuter autour d'un important projet.

→ ....

h. Il a accepté de répondre à tous ces journalistes ?

→ ....

Complétez les phrases suivantes avec le pronom relatif approprié (simple ou composé).

245

Exemple : La musique à laquelle je m'identifie le plus, c'est le rock !

a. La chose .... j'ai le plus peur, c'est de prendre l'ascenseur !

b. L'acteur français .... me plaît le plus c'est Vincent Cassel.

c. Le livre .... je me réfère toujours, c'est *L'étranger* de Albert Camus.

d. Le pont .... nous avons sauté mesurait 15 m !

e. Le vélo avec .... je pars à l'école appartient à mon frère.

f. Le plat gastronomique .... je préfère, c'est le pot-au-feu !

g. Le collège .... je vais est à vingt-cinq minutes de la maison, en bus !

h. Le film .... je rêverais de revoir, c'est *Le cinquième élément* de Luc Besson.

246. Reliez les éléments des deux colonnes.

a. Le garçon

b. Le prix

c. La recette

d. Les conférences

e. La plage

f. Le meuble

g. L'histoire

h. Le parfum

1. sur laquelle nous avons bronzé n'était pas polluée.

2. que tu m'as offert sent vraiment bon.

3. dont je t'avais dit du mal est en fait très sympa.

4. sur lequel mes livres sont rangés est un cadeau de mon oncle.

5. que tu as payé pour ce baladeur est trop élevé.

6. qui t'est arrivée est incroyable !

7. que m'a transmise ma grand-mère est unique.

8. auxquelles nous sommes allés étaient très enrichissantes.

247. À partir des couples de phrases, faites une seule phrase à l'aide d'un pronom relatif simple ou composé.

Exemple : Léa avait enfin pu voir son amie. Elle n'avait plus eu de nouvelles de cette amie depuis trois ans.
→ Léa a enfin pu voir son amie de qui/dont elle n'avait plus de nouvelles depuis trois ans.

a. Tu as trouvé un stylo. C'est le mien.

→ ....

b. Il a discuté avec une fille. Cette fille a été ma voisine pendant deux ans.

→ ....

c. Elle ne se souvient plus de l'endroit. Elle a posé ses lunettes à cet endroit.

→ ....

d. Nous avons déjeuné dans un bon restaurant. Ce restaurant appartient au père de mon meilleur ami.

→ ....

e. J'ai posé une question à un étudiant. Cet étudiant n'a pas su répondre à cette question.

→ ....

f. J'adore faire la sieste sous un arbre. Cet arbre a été planté par mon grand-père, au début du siècle dernier.

→ ....

g. Nous avons visité la cave d'un château de Saint-Émilion. Ce château a été construit au XVIIIe siècle.

→ ....

h. C'est un examen difficile. J'ai peur d'échouer à cet examen.

→ ....

Remettez ces phrases dans l'ordre.

248

Exemple : ai/encore/tu/./conseillé/Je/m'/n'/avais/pas/terminé/le/que/livre
→ Je n'ai pas encore terminé le livre que tu m'avais conseillé.

a. une/./possède/Mon/sans/il/laquelle/se/jamais/ne/cousin/moto/déplace

→ ....

b. week-end/un/Nous/auquel/voudrions/préparons/vous/nous/./inviter

→ ....

c. questions/Il/auxquelles/il/./voulu/avait/que/vous/aurait/répondiez/des/prévu

→ ....

d. dont/aimeraient/chanson/en/Ils/traduire/français/écoutent/./paroles/une/les/ils

→ ....

e. !/habite/de/lequel/un/Elle/tout/quartier/trouve/dans/on

→ ....

f. à/a/coffre/intérieur/elle/ses/l'/Marie/duquel/secrets/un/petits/range/.

→ ....

g. Luc/./promis/à/Tu/le/n'/rappelé/qui/de/as/faire/pas/avais/tu

→ ....

h. exemple/à/l'/a/Il/duquel/comprendre/pouvez/partir/exercice/un/y/./vous

→ ....

Répondez aux questions selon le modèle.

249

Exemple : Vous parlez facilement sur certains sujets ?
→ Oui, il y a des sujets sur lesquels je parle facilement.
→ Non, il y a des sujets sur lesquels je ne parle pas facilement.

a. Vous aimez discuter de tous les sujets ?

→ Oui, ...

→ Non, ...

b. Vous acceptez de lire tous les livres ?

→ Oui, ...

→ Non, ...

c. Vous faites toujours référence aux mêmes ouvrages littéraires ?

→ Oui, ...

→ Non, ...

d. Vous vous ennuyez pendant certaines réunions de travail ?

→ Oui, ...

→ Non, ...

e. Vous avez gardé des contacts avec vos lecteurs ?

→ Oui, ...

→ Non, ...

f. Vous prêtez attention aux critiques que l'on vous fait ?

→ Oui, ...

→ Non, ...

g. Mais, vous-même, vous avez beaucoup critiqué les auteurs français ?

→ Oui, ...

→ Non, ...

h. Vous avez déjà réfléchi aux différents thèmes de votre prochain livre ?

→ Oui, ...

→ Non, ...

Bilan

Complétez le dialogue suivant avec des pronoms relatifs simples ou composés.

250

Éric et ses amis sortent du cinéma.

ÉRIC : Alors, vos impressions ?

MARIE : Ce n'est pas du tout le genre de film **(1)** .... j'aime.

LÉA : Moi, c'est surtout le scénario **(2)** .... m'a intéressé.

THOMAS : J'ai adoré cette histoire **(3)** .... on est vite plongé.

LUC : C'est vrai. Il y a certains détails (4) .... tu ne fais pas attention et
(5) .... sont finalement très importants pour bien comprendre la suite.

ÉRIC : Oui. Et en plus, tous les effets spéciaux (6) .... joue le réalisateur sont
assez bien réussis.

MARIE : Tu veux dire qu'il n'y a que des effets spéciaux ! C'est un film (7) ....
n'a pas de sens et (8) .... a dû coûter très cher !

LÉA : Tu exagères. Les acteurs (9) .... ont accepté les rôles sont les meilleurs et,
comme l'a dit Thomas, c'est vraiment un univers (10) .... on est vite transporté.

ÉRIC : Oui, c'est une fiction (11) .... on ressent l'attraction dès les premières actions
et (12) .... semble bien réelle grâce aux personnages (13) .... tu
peux t'identifier.

LUC : Vous avez raison. Il y a au début toute l'intrigue (14) .... nous ne pouvons
rien déduire et (15) .... très peu d'éléments sont apportés. Un vrai Hitchcock !

MARIE : Pour ça, c'est réussi ! Il y a des incohérences (16) .... ne sont pas claires
et (17) .... on ne peut rien apprendre pour la suite.

ÉRIC : C'est ça le cinéma (18) .... on a envie ! Un film, c'est un ensemble complexe
(19) .... viennent s'ajouter des personnages (20) ....
des acteurs géniaux rendent vivants !

THOMAS : C'est un film (21) .... nous ne pouvons dire aucun mal. En tout cas,
Marie n'est sûrement pas la seule (22) .... le film n'a pas passionnée ; l'homme
(23) à côté .... j'étais assis a dormi tout le temps !

N° d'éditeur : 10120094 - Novembre 2005
Imprimé en France par I.M.E. - 25110 Baume-les-Dames